CARL AUER
LebensLust

Für Jana, Lina, Sophie und Marleen

Rolf Reinlaßöder/Ben Furman

Jetzt gehts! Erfolg und Lebensfreude mit lösungsorientiertem Selbstcoaching

2011

Umschlaggestaltung: Uwe Goebel
Satz: Verlagsservice Hegele, Heiligkreuzsteinach
Printed in Germany
Druck und Bindung: Freiburger Graphische Betriebe, www.fgb.de

Erste Auflage, 2011
ISBN: 978-3-89670-750-5

Bibliografische Information der Deutschen Nationalbibliothek:
Die Deutsche Nationalbibliothek verzeichnet diese Publikation
in der Deutschen Nationalbibliografie; detaillierte bibliografische
Daten sind im Internet über http://dnb.ddb.de abrufbar.

Carl-Auer Verlag
Häusserstr. 14
69115 Heidelberg
Tel. 0 62 21-64 38 0
Fax 0 62 21-64 38 22
info@carl-auer.de

Inhalt

Lösungsorientiertes Selbstcoaching – Sei dein eigener Coach!

Wer sich persönlich weiterentwickeln möchte und dafür zu einem der gängigen Ratgeberbücher greift, erfährt vor allem, was ihm bisher in seinem Leben angeblich im Weg stand und was er in Zukunft besser lassen bzw. nicht mehr tun sollte. Aber mal ehrlich: Was Sie eigentlich interessiert, sind ja die Ziele, die Sie erreichen möchten, und die Veränderungen und Fortschritte, mit denen Sie sich diesen Zielen nähern können. Das lösungsorientierte Selbstcoaching beruht auf der Grundannahme, dass Sie selbst die brauchbaren Ideen für die Lösung Ihrer Probleme in sich tragen – auch wenn Sie sich dessen vielleicht nicht bewusst sind. Dieses Buch zeigt Ihnen, wie Sie Ihr eigener Coach werden. Es leitet Sie an, mit Unterstützung Ihres Inneren Coachs Probleme nicht mehr als Defizite, sondern vor allem als noch nicht entwickelte Fähigkeiten zu begreifen. Sie können auf Ihren Inneren Coach hören und mit ihm in einen inneren Dialog treten – wie mit einem guten Freund.

Sie können dieses Buch als Arbeitsbuch benutzen. Es bietet Ihnen, leicht verständlich geschrieben und immer wieder durch Praxisbeispiele illustriert, eine Methode, wie Sie gut gelaunt und ohne große Anstrengungen Ihr eigener Erfolgstrainer werden und dadurch Ihre Ziele erreichen. Sie werden damit mehr Klarheit gewinnen und Ihr Leben besser genießen können. Entdecken Sie mit diesem Buch Lösungswege, die Sie passgenau auf Ihren individuellen Alltag und Ihre spezielle Lebenssituation zuschneiden können.

Das lösungsorientierte Selbstcoaching hat seit über zwanzig Jahren schon Tausende Menschen zum Erfolg geführt: Ob Sie den Wunsch haben, selbstbewusster auf die Kollegen am Arbeitsplatz zu reagieren, ob Sie davon träumen, endlich den alltäglichen Wahnsinn in der Familie leichter zu leben, oder ob Sie die Vorstellung haben, die Beziehung zum Partner zu verbessern – Schritt für Schritt werden Sie angeleitet, Ihre Ziele künftig so zu definieren und sich dahin gehend zu motivieren, dass Sie schon bald erste Erfolge feiern können. Rauchfrei leben, in Stress-Situationen den Überblick behalten, mit Geduld statt Unmut auf das Durcheinander im Kinderzimmer reagieren: Das Buch hilft Ihnen, eigene Lösungen zu entdecken, und es vermittelt Ihnen die Leichtigkeit, die Kraft, die Zuversicht und die Motivation, Veränderungen dauerhaft zu erreichen.

Das lösungsorientierte Selbstcoaching ist ein Stufenprogramm für jede Altersgruppe, das aus 12 logisch aufeinander aufbauenden Schritten besteht. Sie können damit sowohl Lösungen für den Alltag erreichen als auch grundlegende Veränderungen für sich selbst und das Zusammenwirken im privaten und im beruflichen Umfeld einleiten. Mithilfe Ihres Inneren Coachs werden Sie entdecken, welch ungeahnte Fähigkeiten in Ihnen schlummern. Sie werden lernen, wie Sie diese Schätze einsetzen können, um Stufe für Stufe auf neuen Wegen an Ihr Ziel zu kommen.

Der neue Weg

Bei einem Treffen mit Ärzten und Psychologen hat uns vor einiger Zeit ein ehemaliger Studienkollege beiseitegenommen. Wir freuen uns jedes Mal, wenn wir auf einen Kongress gehen, schon auf ihn. Denn er ist einer von den Menschen, die sogar einem staubtrockenen Meeting immer noch eine amüsante Seite abgewinnen können. Wie Sie sich denken können, erzählen sich Psychologen untereinander gerne ziemlich süffisante Witze. Vermutlich ist das eine Art Blitzableiter für die Anspannungen der täglichen Arbeit. Wir standen also ziemlich erschöpft nach zwei hochintellektuellen, endlos dauernden Vorträgen mit dem

Kollegen zusammen. »Wisst Ihr eigentlich, warum Moses nicht früher zum Ziel gekommen ist und vierzig Jahre lang durch die Wüste geirrt ist, bevor er das Gelobte Land erreicht hat?« Wir müssen ihn ziemlich ratlos angeschaut haben. »Na, kommt, ist doch nicht so schwer. Warum ist Moses vierzig Jahre umhergewandert und nicht gleich durchs Ziel gelaufen, sondern musste so lange durch die Wüste irren?« Seine Augen funkelten vor Erwartung. Da wir keine Antwort wussten, atmete er tief durch und prustete heraus: »Moses ist vierzig lange Jahre durch die Wüste geirrt, weil er keinen nach dem Weg gefragt hat!«

Mit der Methode des lösungsorientierten Selbstcoachings geben wir Ihnen einen Wegweiser an die Hand, mit dem Sie auf direktem Weg zu Ihrem Ziel gelangen können – sozusagen eine Art Navi. Die modernen Navigationssysteme dirigieren uns heute, ein paar Tausend Jahre nach der beinahe vergeigten biblischen Wüstentour, ohne Mühe meilenweit von zu Hause entfernt an unser Ziel. Aber auch hier gilt: Wir müssen das Navi einschalten, ein Ziel eingeben und den Anweisungen dann auch folgen. Nur so werden wir das Ziel erreichen. Dabei sind wir es, die definieren, *was* wir wollen und *wie* wir dahin gelangen möchten.

Wie reagieren wir, wenn das Navi einen Stau in zwanzig Kilometern meldet? Wie gehen wir weiter vor? Kalkulieren wir solche möglichen Verzögerungen gleich beim Start mit ein und entwickeln Strategien, wie wir reagieren wollen – z. B. weiterfahren in Schrittgeschwindigkeit, eine Ausweichroute nehmen, eine Pause einlegen? Aber was ist das für ein Gefühl, wenn man sein Ziel erreicht, wenn man es geschafft hat!

Mit Rückenwind in die Zukunft starten

Wir Menschen sind im Grunde neugierig und probieren gerne neue Dinge aus – aber wir müssen bereit sein zu einem Strategiewechsel, damit wir einem leichteren Leben nicht länger im Weg stehen. Sicher ist es von Zeit zu Zeit sinnvoll zurückzuschauen und sich zu fragen, warum man sein Ziel bisher nicht erreicht hat. Aber danach gilt es vorwärtszuschauen. Versuchen Sie doch einmal, in die Zukunft zu schauen. So wie man bei Eis und Schnee gern an eine bunte, blühende Wiese denkt – erst wenn Sie nach vorne schauen, erst dann riecht die Luft nach Aufbruch. Das ist ein bisschen wie der Start in eine neue Saison. Machen Sie ruhig einmal für ein paar Sekunden die Augen zu und träumen sich hinein in eine Welt, in der Sie es geschafft haben, in der sie Ihren Zielen schon näher sind. Das erinnert an den klugen Spruch: *Wenn die Winde der Veränderung wehen, baut der eine ein Segel und der andere einen Windschutz.*

Spannen Sie ein Segel auf: Sie haben jetzt Rückenwind – wenn Sie wirklich wollen. Sie sind der Chef. Ihr Leben, das ist Ihr Projekt, keiner kennt sich darin so gut aus wie Sie. In den 1970er-Jahren nahm der Jamaikaner Desmond Dekker den Song »You can get it, if you really want« aus dem legendären Reggae-Kultfilm »The Harder they Come« auf. Er machte die einfache Feststellung zu dem positiven Appell, der ein weltbekannter Slogan geworden ist : »You can get it, but you must try.«

Entwerfen Sie ein lebendiges Bild von Ihren Zukunftsvisionen!

Wenn Sie erst einmal ein lebendiges Bild davon entworfen haben, wie die Dinge im besten Fall in der Zukunft für Sie laufen werden, dann sind Sie schon auf dem Sprungbrett in eine Zeit, in der Ihre Träume mit hoher Wahrscheinlichkeit wahr werden können.

Der Werkzeugkasten für den Alltag

Dieses Buch gibt Ihnen eine praktische Methode an die Hand. Sie lernen, wie Sie sich nicht nur leichter Ziele setzen können, sondern auch, wie Sie sich selbst immer wieder erfolgreich motivieren können. Sie lernen, wie sie vorausschauend sogar Rückschläge einplanen und bewältigen können, Verbündete finden und wie Sie beim Verfolgen Ihrer Ziele Schritt für Schritt sogar immer mehr Energie gewinnen und regelrecht durchstarten.

Was wir Ihnen in diesem Buch vorstellen, ist nicht irgendein gallischer Zaubertrank, der Ihnen übermenschliche Kräfte verleiht. Sondern wir bieten Ihnen eine Art »Do it yourself!-Leitfaden zum leichteren Leben«. In einem Seminar hat ein Teilnehmer unser 12-Stufen-Programm mit einem Werkzeugkasten verglichen, der einen durchs Leben begleiten kann. Er liefert Ihnen ausgesuchte Werkzeuge, mit denen Sie im ganz normalen Alltag Ihre selbst gesetzten Ziele erreichen können. Eine zentrale Hilfe ist dabei Ihr Innerer Coach. Er ist so etwas wie ein guter Freund oder Berater, den Sie jederzeit konsultieren können, ohne dafür auch nur einen Cent bezahlen zu müssen.

Seit über zwanzig Jahren hat sich das Programm, dessen Konzept ursprünglich in Finnland entwickelt und immer weiter ausgebaut wurde, erfolgreich bewährt. Tausende Frauen und Männer aus allen Altersklassen und sozialen Schichten sind weltweit mit dieser Methode ihren Zielen tatsächlich näher gekommen und haben es geschafft, etwas zum Besseren zu verändern.

You can get it: Der Mut zur Veränderung

Sie lassen sich auf etwas ein, was Ihr Leben nachhaltig verändern wird. Vielleicht ist Ihnen gar nicht so klar, welche weitreichenden Folgen es haben kann, wenn Sie in ein paar Wochen mit dieser 12-Schritte-Methode vielleicht nicht mehr so oft das Gefühl haben, zu kurz zu kommen, oder wenn Sie zum Erstaunen Ihrer Familie immer häufiger gut gelaunt sogar auf Alltagspannen reagieren können. Solche Erfolge können ganz schön viel durcheinanderwirbeln. Da schauen die Kinder plötzlich völlig entsetzt, dass die Servicekraft Mutter auch mal etwas für sich tut. Wer hat ihr diese Rebellion denn erlaubt? Oder der Freund kommt völlig aus dem Konzept, weil man beim Tennis nicht jeden Fehlpass mit einem Wutschnauben kommentiert.

Bevor Sie weitermachen, fragen Sie sich ernsthaft: »Will ich wirklich etwas ändern? Habe ich es mir nicht auf meiner Couch des Lamentierens so bequem gemacht, dass ich mich da ganz gut verkrümeln und von dieser Couch aus wundervoll auf die böse, ungerechte und unfaire Welt schimpfen kann?« Das Fatale dabei ist, dass wir eigentlich nur allzu gut wissen, wie wir in all den Jahren immer wieder ein Programm in Gang gesetzt haben, das unsere Ausbruchsversuche hin zu einem leichteren Leben zum Scheitern gebracht hat.

Die Kraft des Lernens

Machen Sie sich klar, dass Sie jetzt, wo Sie diese Zeilen lesen, in Ihrem Leben schon ungeheuer viel geschafft haben. Mit welcher Ausdauer und Hartnäckigkeit haben Sie immer wieder neue Fähigkeiten erworben. Schauen Sie einmal einem Säugling zu, wie er zu krabbeln beginnt – das waren Sie auch mal. Die ersten Versuche, aufstehen, wieder hinfallen, es noch mal versuchen. Tag für Tag, immer wieder – was für eine Energie! Und Sie haben es geschafft. »Es braucht nicht die Besten, um seine Ziele zu erreichen oder zu gewinnen, sondern die Hartnäckigsten« – dieses Erfolgsrezept von Spitzensportlern und Leistungsträgern haben wir von Kindheit an gelebt und verinnerlicht. Später haben wir es leider oft genug außer Acht gelassen. Als Folge davon irren viele jahrelang durch ihre eigene Wüste – auch wenn es ja nicht unbedingt die biblischen vierzig Jahre sein müssen.

Die 38-jährige Marianne erzählt, dass sie nach jeder gescheiterten Diät noch verzweifelter wurde. »Ich tauge ja doch nichts, ich kann nicht mal dauerhaft 5 Kilo abnehmen, immer wieder werde ich schwach, wenn mich nach Wochen ein Stück Kuchen anlacht.«

Je öfter sie ihr Ziel in der Vergangenheit nicht erreicht hatte, desto stärker hat sie sich danach selbst herabgesetzt. »Diese Grundstimmung aus Ohnmacht und Frust, dieses tausendmal probiert und tausendmal ist nichts passiert – ich habe über Jahre diese Litanei perfektioniert. Bis ich mir dann gar nichts mehr zugetraut habe.«

Das Anpacken von neuen Fähigkeiten

Keiner von uns muss vierzig Jahre durch die Wüste irren, um sein Ziel zu erreichen. Sie werden beim Lesen feststellen, dass Sie enorm viele verborgene Fähigkeiten haben, die Sie nur noch entdecken müssen. Sie werden merken, dass Sie in diesem Buch einen Begleiter haben, der Sie an die Hand nimmt und Sie dabei unterstützt, mit Ihren ganz persönlichen Erfahrungen und Ihrem Schatz an Qualitäten im eigenen Tempo Ihre Ziele zu erreichen.

> Es ist Ihr Projekt, es ist Ihr Aufbruch!

Dieses Buch soll Ihnen dabei als eine Art Navigationsgerät für eine große Bandbreite von Situationen, Problemlösungen und Wegen dienen. Sie können mit dem 12-Stufen-Programm lernen, wie Sie dauerhaft motiviert, kreativ und ohne die ewigen Verirrungen vorangehen, um ans Ziel zu kommen. Das, was Sie als Ziel anvisieren, ist eine Fähigkeit, die Sie sich aneignen und erlernen wollen. Es geht also nicht darum, mit etwas aufzuhören – das ist nämlich keine Fähigkeit. Ein Kniff aus der Motivationspsychologie sei hier schon mal verraten:

> Es ist viel leichter, neue Fähigkeiten zu erlernen, als alte Probleme zu überwinden.

With a little help from my friends: Helfer finden

Sie lassen sich hiermit auf ein Programm ein, das logisch und mit dem gesunden Menschenverstand nachvollziehbar ist. Es läuft in einer vorgegebenen Anzahl von aufeinander aufbauenden Schritten ab – ist also überschaubar und nicht endlos.

Wir haben die Chance, mit dem richtigen Werkzeugkasten – nämlich mit unserer Kreativität, unserer Neugier und unserer Zuversicht – hier und jetzt mehr Lebensqualität zu erlernen und zu gestalten. Es ist nie zu spät, erfolgreich zu sein. Wir können sogar unsere Einstellungen und Haltungen gegenüber unserer Vergangenheit verändern.

Ganz ohne Hilfe geht das aber nicht vonstatten. Jeder, der etwas verändern möchte, benötigt Hilfe, Unterstützung und Ermutigung von anderen Menschen. Keiner lebt so isoliert und abgekapselt auf diesem Planeten, dass seine Veränderungen nicht auch auf die Menschen in seiner Umgebung wirken würden.

Das 12-Punkte-Programm gibt nicht nur Ihrem Inneren Coach eine wichtige Rolle in diesem Veränderungsprozess, sondern auch anderen Menschen wie Freunden, Familienmitgliedern oder Kollegen. In einer positiven, zuversichtlichen Atmosphäre wird der Raum für die Entwicklung alternativer Wege, wie ein Ziel erreicht werden kann, größer und offener sein.

> Wer sagen kann »Wir schaffen es!«, sagt auch leichter »Ich schaffs!«.

Raus aus dem alten Trott

»Probleme kann man niemals mit der gleichen Denkweise lösen, durch die sie entstanden sind.«

Albert Einstein

Albert Einstein wusste: Oft genug liegen die Lösungen außerhalb des Rahmens, in dem wir uns bewegen. Wenn wir über unsere eingefahrenen Verhaltensmuster hinauskommen und nach neuen Lösungen suchen wollen, dann brauchen wir nicht nur den Mut, aus unserem Rahmen zu steigen und den Blick über den Tellerrand zu wagen. Was wir brauchen, ist die Überzeugung, dass wir das für uns tun und nicht für andere. Wir streben eine Veränderung an, damit wir besser und leichter durchs Leben gehen können.

Alpinisten wissen es: Wer beim Bergwandern ständig nur nach dem nächsten Gipfel schaut, gerät leicht ins Stolpern. Ab und zu hoch gucken zum Gipfelkreuz ist gut. Man sollte jedoch nicht ständig nur an das denken, was noch nicht erreicht ist und in der Ferne liegt, denn das kann auch demotivieren. Motivation ist die Energie, die Entschlossenheit bzw. die treibende Kraft, die bewirkt, dass wir bestimmte Dinge tun möchten und sie auch in die Tat umsetzen. Das alte Sprichwort »Wo ein Wille ist, ist auch ein Weg« bringt es auf den Punkt.

> Je höher Ihre Motivation ist und je entschlossener Sie das Ziel erreichen wollen, desto eher wird Ihr Streben auch von Erfolg gekrönt sein.

Aber was ist es denn nun, das uns motiviert und entschlossen sein lässt, unsere Ziele zu verfolgen? Schließlich ist es für keinen von uns besonders schwierig herauszufinden, was wir erreichen möchten. Die echte Herausforderung besteht darin, die dazu nötige Energie und Entschlusskraft zu mobilisieren.

Die Motivation ist der Treibsatz: Fünf Grundregeln

Es gibt fünf Grundregeln der Motivation, von denen es abhängt, ob man ein gesetztes Ziel erreichen kann – egal, ob es um den Hausputz geht oder darum, einen Stein auf den Mond zu katapultieren.

Die Grundregeln der Motivation

1. Sie spüren, dass es sich um Ihr eigenes Ziel handelt.
2. Das Ziel besitzt für Sie Gültigkeit.
3. Sie haben die Zuversicht, dass Sie es schaffen können.
4. Sie merken, dass Sie Fortschritte machen.
5. Sie sind darauf vorbereitet, mit möglichen Rückschlägen umzugehen.

1. *It's my life:* Es ist Ihr eigenes Ziel

Um die Motivation zum Erreichen eines Ziels aufzubringen, müssen Sie zuallererst das Gefühl haben, dass das Ziel von Ihnen selbst gesteckt ist, dass es nicht etwas ist, das jemand anderes Ihnen nahegelegt hat, sondern etwas, bei dem Sie selbst entschieden haben.

Nur wenn Sie Ihr Leben selbst an die Hand nehmen, wird Ihre Motivation auch länger anhalten. Wenn nur Freunde, Partner oder die neueste Modezeitschrift eine grundlegende Veränderung einfordern, wird diese kaum dauerhaft Platz greifen können.

Sie tun all das für sich und nicht für andere. Es ist Ihr Ziel!

2. *I've got a feeling:* Das Ziel ist Ihnen etwas wert

Sie müssen sich sicher sein, dass das Ziel einen gewissen Wert für Sie darstellt. Es muss sich für Sie wirklich lohnen, dass Sie es verfolgen. Es muss für Sie etwas Herausragendes sein, das mehrere wichtige positive Auswirkungen haben wird.

Das Ziel ist Ihnen etwas wert.

3. *We can work it out:* Sie können Ihr Ziel erreichen

Sie müssen die Zuversicht haben, dass Sie Ihr Ziel auch erreichen können. Dazu gehört, dass Sie auf positive Erfahrungen und kraftspendende Fähigkeiten und Erinnerungen zurückgreifen können, in denen Sie erfolgreich ein Ziel erreicht haben. Rufen Sie sich Situationen ins Gedächtnis, in denen Sie etwas geschafft haben. Zusätzlich brauchen Sie Unterstützung von anderen, um Ihr ganz persönliches Ziel zu erreichen.

Sie sind davon überzeugt, dass Sie die angestrebte Veränderung auch schaffen können.

4. *Getting better:* Sie machen Fortschritte

Sie müssen spüren, dass es vorwärts geht. Um Ihre Motivation während der Arbeit an Ihrem Projekt (das Ziel zu erreichen) aufrechtzuerhalten, müssen Sie sehen können, dass Sie Fortschritte machen, und dass Sie erfolgreich sind, in dem, was Sie tun.

Wenn Sie Ihrem Fortschritt keine Aufmerksamkeit schenken und Ihre Erfolge übersehen, gehen Sie das Risiko ein, frustriert und demoralisiert zu werden und Ihre Motivation zu verlieren.

Sie achten auf Fortschritte.

5. *Let it be:* Sie bereiten sich auf Rückschläge vor

So wie wir zu einer Bergtour nicht in Sommersandalen aufbrechen, sondern das richtige Schuhwerk auswählen, und erfahrene Alpinisten selbst bei gutem Wetter sicherheitshalber noch eine wärmende Regenjacke in den Rucksack packen, so sollten Sie sich auch darauf vorbereiten, bei Hindernissen und Rückschlägen nicht aufzugeben, sondern flexibel darauf zu reagieren und einen Weg zu finden, wie man positiv damit umgeht. Wenn sie solche Ereignisse nicht bloß als Störfaktoren und Querschüsse erleben, sondern als Herausforderungen annehmen können, dann wächst ihre Fähigkeit und sicher auch Ihre Kreativität.

Sie nehmen Rückschläge als Herausforderung an.

Wir möchten diese fünf wichtigen Punkte mit einem Beispiel veranschaulichen:

Stellen Sie sich vor, Sie müssen Ihre Wohnung renovieren. Um die Motivation aufzubringen, dieses Ziel Wirklichkeit werden zu lassen, ist es wichtig, dass es Ihr eigenes Ziel ist. Es ist nicht so, dass jemand Ihnen dies einfach vorgeschlagen hat, sondern es ist etwas, von dem Sie selbst beschlossen haben, dass es gemacht werden muss. Es ist Ihre Entscheidung, kommt also nicht automatisch und nicht von selbst.

Sie müssen erkennen, dass die Renovierung wichtig ist und dass sie Ihnen definitive Vorzüge verschaffen wird – sei es, dass sie den Wert der Wohnung steigert, sei es, dass sie Ihnen mehr Raum verschafft oder den Lebensstandard erhöht … Je mehr Vorzüge Sie sehen können, umso eher werden Sie willens sein, die Renovierung durchzuführen.

Aber das ist noch nicht alles. Sie müssen auch die Zuversicht haben, dass Sie die Fähigkeiten besitzen, es zu tun oder es zu delegieren. Es ist Ihr Projekt. Die Zuversicht dürfte verstärkt werden, wenn Sie Erinnerungen an frühere erfolgreich durchgeführte Renovierungen haben. Oder wenn Sie Menschen kennen, die Ihnen helfen können. Oder wenn Sie anerkennen, was für eine umfangreiche Sammlung an brauchbarem Werkzeug Sie über die Jahre in Ihrer Garage angehäuft haben.

Ihre primäre Motivation dürfte hoch sein, wenn Sie das Gefühl haben, dass es Ihre eigene Idee ist. Und wenn Sie viele Vorzüge erkennen können und glauben, dass Sie es schaffen können.

Wenn Sie das Projekt beginnen, brauchen Sie etwas, was Ihre Motivation aufrechterhält: Sie brauchen das Gefühl, dass Sie Fortschritte machen und vorankommen. Wer tagelang in einer Altbauwohnung erst die zentimeterdicken Schichten von jahrzehntealten Tapetenbahnen mit einem Spachtel Stück für Stück abkratzen muss, der braucht Etappenerfolge, kleine Leuchttürme quasi. Die glänzenden Türen Ihres neuen Küchenschranks oder die frisch gestrichenen Wände in der Besenkammer mit eigenen Augen zu sehen gibt Ihnen die Kraft und den Antrieb, bis zum Ende durchzuhalten. Es sind Einzelziele, die Sie auf dem Weg erreichen werden. Das hat auch etwas mit Selbstfürsorge zu tun.

Krafttankstellen ansteuern

Nicht weil es schwer ist, wagen wir es nicht,
sondern weil wir es nicht wagen, ist es schwer.

Motivation kann man ein bisschen mit dem Brotbacken vergleichen. Da muss auch planvoll eins nach dem anderen gemacht werden, damit es kein Desaster wird. Bevor der Teig schließlich in den Ofen geschoben wird, müssen erst einige Schritte unternommen werden: nämlich die Zutaten mischen, den Teig kneten und den Teig aufgehen lassen. Das eigentliche In-den-Ofen-Schieben des Brots können wir als Bild dafür nehmen, tätig zu werden, um das eigene Ziel zu erreichen. Damit das Brot aber genießbar aus dem Ofen kommt, damit die ganze Aktion also funktionieren kann, muss man eine Reihe von Schritten zur Erhöhung der Motivation in Angriff nehmen.

Sie müssen sich entscheiden, was für eine Art von Brot Sie backen möchten. Die dazu benötigten Zutaten vermengen Sie, um so den Teig herzustellen. Das entspricht dem Entwickeln einer Idee, wie man die Dinge in der Zukunft gerne hätte, und der Entscheidung, welches das angestrebte Ziel sein soll.

Sie müssen dem Teig Zeit zum Aufgehen geben. Das steht dafür, dass man die Motivation, die für das Erlangen des Ziels nötig ist, aufbauen muss. Motivation aufzubauen – oder dem Teig die Gelegenheit zum Aufgehen zu geben – ist ein ganz wichtiger Aspekt. Dafür gilt es sich Zeit zu nehmen!

Bevor Sie das Realisieren des Ziels in Angriff nehmen, untersuchen Sie eine Reihe von Punkten, die Ihre Motivation steigern können:

1. Stellen Sie eine Liste zusammen mit den Vorteilen, die das Ziel mit sich bringt.
2. Benennen Sie Personen, die hilfreich sein könnten, Ihre Ausdauer, Ihre Hartnäckigkeit, Ihre Selbstdisziplin und auch Ihre Qualitäten gemeinsam herauszufinden.
3. Holen Sie sich die Rückmeldung und das Feedback von anderen, welche Fortschritte Sie bereits gemacht haben.

Je intensiver und vielfältiger Sie diese »Krafttankstellen« nutzen, desto eher haben sogar Ihre kühnsten Träume die Chance, Realität zu werden. Für viele bedeutet dies zunächst, erst einmal über den eigenen Schatten zu springen. Was sich vielleicht etwas mühsam und ziemlich anstrengend anhört, ist eine der wichtigsten Zutaten für den Erfolg. Es baut den Zusammenhalt von Menschen auf, die für das Erreichen Ihres Ziels von Bedeutung sind. Und das steigert Ihre Zuversicht, denn wahrscheinlich erinnern sich Freunde und Verwandte auch an Ihre früheren Erfolge, an Situationen, in denen Sie es schon einmal geschafft haben. Je begeisterter Sie dadurch auf die erfolgreiche Seite Ihres Lebens schauen können, umso besser. So entsteht ein Klima der Zuversicht – und Sie spüren schon, wie Sie mit den Füßen scharren, um endlich loszumarschieren.

> Lassen Sie sich von anderen Menschen dabei helfen, Ziele zu setzen und sie zu erreichen! Das steigert Ihre Motivation.

Schmieden Sie unbesorgt schon in der frühen Vorbereitungsphase zusammen mit den Menschen in ihrem Umfeld Pläne, wie Sie gemeinsam feiern wollen, wenn Sie Ihr Ziel erreicht haben. Es ist zwar Ihr Projekt und Sie sind es, der auf den Gipfel steigt, doch die anderen begleiten Sie bei dieser Expedition zu mehr Spaß, Erfüllung und Leichtigkeit als motivierendes Unterstützer-Team.

Die 12 Schritte im Überblick

Bevor wir jeden der 12 Schritte des Erfolgsprogramms im Einzelnen erklären, möchten wir Ihnen zunächst eine Übersicht über die Schritte geben.

1. Beschreiben Sie Ihre Vision

Richten Sie Ihren Blick in die Zukunft. Stellen Sie sich vor, Sie haben es geschafft. Machen Sie einen Zeitsprung. Beamen Sie sich wie in einem Science-Fiction-Film in die Zukunft und stellen Sie sich vor, Sie sind mit sich zufrieden.

Erlauben Sie sich den Blick in eine gute Zeit: Alles läuft ideal, sei es in Ihrem Privatleben, in Ihrer Familie oder bei der Arbeit. Die Vision Ihrer idealen Zukunft stellt das Fundament dar, auf dem alle weiteren Schritte aufbauen.

2. Legen Sie ein Ziel fest

Nennen Sie mehrere Ziele, deren Erreichen Ihnen dabei helfen würde, Ihre Vision zu verwirklichen. Mit Zielen sind konkrete Dinge gemeint, die Sie ändern wollen, besondere Fähigkeiten, die Sie erlernen wollen, oder spezielle Aufgaben, die Sie vollenden wollen. Anschließend sollten Sie sich entscheiden und eine Wahl treffen, welches der vielen Ziele Sie als erstes erreichen wollen.

Je genauer Sie dieses eine Ziel definieren, desto praktikabler wird es und umso eher werden Sie es erreichen.

3. Suchen Sie sich Helfer

Um Ihr Ziel zu erreichen, brauchen Sie Verbündete. Sie brauchen die Hilfe, Unterstützung und Ermutigung von anderen Menschen. Stellen Sie Ihren eigenen Helfertrupp, Ihr spezielles Supporting-Team zusammen.

Nehmen Sie sich die Zeit, die Personen ausfindig zu machen, die Ihnen auf dem Weg zu Ihrem Ziel in irgendeiner Weise hilfreich sein könnten. Überlegen Sie, wie Sie diese Personen über Ihr Ziel informieren möchten und wie Sie sie einladen können, zu Ihrem Projekt beizutragen.

4. Schauen Sie auf den Nutzen

Wenn Sie sich entschieden haben, welches Einzelziel Sie in Angriff nehmen möchten und wer Ihre Helfer sein werden, erkunden Sie für sich, welchen Nutzen es hat, dieses Ziel zu erreichen.

Machen Sie sich klar, welche unterschiedlichen Vorteile ein Erfolg für Sie selbst und für Menschen, die Ihnen wichtig sind, erbringen würde. Wenn Sie sich die vielen positiven Auswirkungen, die das Erreichen Ihres Ziels mit sich bringen wird, vorstellen, wird Ihnen klar, dass sich der Einsatz lohnt – und zwar nicht nur für Sie selbst, sondern auch für andere Menschen, Ihre Helfer eingeschlossen.

5. Achten Sie auf bisherige Fortschritte

Egal, für welches Ziel Sie sich entschieden haben: Es ist sehr unwahrscheinlich, dass Sie nicht auch vorher schon einmal über diese Idee nachgedacht haben. Man kann in dieser Phase sogar relativ sicher davon ausgehen, dass Sie schon einen gewissen Fortschritt gemacht haben, dass Sie also schon auf dem Weg sind, dass Sie schon etwas unternommen haben, die Dinge in Richtung Ihres Ziels zu verändern.

Bevor Sie zum nächsten Schritt weitergehen, sollten Sie gründlich nach Hinweisen suchen, die auf bereits erreichte Fortschritte und noch so kleine Teilerfolge hindeuten.

6. Planen Sie künftige Fortschritte

Fortschritte auf dem Weg zum Ziel geschehen in kleinen Schritten – einer nach dem anderen. Es müssen überschaubare und handhabbare Portionen sein. Rom ist schließlich auch nicht an einem Tag erbaut worden.

Um sich den Prozess stufenweise vorzustellen, sollten Sie davon ausgehen, dass die Dinge gut laufen und dass Sie innerhalb einer akzeptablen Zeit Ihr Ziel erreichen werden. Auf der Basis dieser Vorstellung werden Sie anschließend einen Stufenplan erstellen. Dieser veranschaulicht in Bildform eine Serie von kleinen Schritten, die Sie zum Ziel führen. Das wird Ihr Etappenplan mit markierten Ruhe- und Aussichtspunkten.

7. Stellen Sie sich den Herausforderungen

Auch wenn es für Sie am Anfang nicht leicht erscheinen wird, Ihr Ziel zu erreichen: Fordern Sie sich ruhig. Es macht wenig Sinn, aus Furcht vor Versagen ein Ziel auszuwählen, das keinerlei Herausforderung darstellt. Bevor Sie nun im nächsten Schritt Gründe für Ihre Zuversicht zusammentragen, müssen Sie einen Moment innehalten.

Machen Sie sich klar, was auf Sie zukommt. Sicher wird das Erreichen des Ziels nicht leicht sein. Bereiten Sie sich auf Rückschläge vor. Stellen Sie sich vor, wo auf dem Weg zum Ziel vielleicht Hindernisse auftauchen und aus welchen Gründen es schwierig werden könnte.

8. Machen Sie sich selbst Mut

Fördern Sie Ihren Optimismus, schauen Sie auf all das, was Ihnen in der Vergangenheit schon gelungen ist! Auch wenn das Erreichen Ihres Ziels nicht einfach erscheint, bedeutet das nicht, dass es unmöglich ist.

Um Zuversicht zu gewinnen und nicht schon vor dem ersten Schritt den Mut zu verlieren, werden Sie nun alle verfügbaren Helfer und »Krafttankstellen« auflisten. Dazu gehört alles, was Ihnen die Zuversicht gibt, dass Sie Ihr Ziel erreichen können – alle Informationen, die den Eindruck untermauern, dass Sie das Ziel erreichen können.

9. Geben Sie ein Versprechen

Um Fortschritte zu machen, werden Sie irgendwann aktiv werden müssen. Nach dem Planen und Vorbereiten kommt die Vorwärtsbewegung. Die größten Erfolgsaussichten haben Sie, wenn Sie nur eine Entscheidung über den jeweils nächsten anstehenden Schritt treffen und nicht möglichst umfangreiche Pläne schmieden.

Diesen nächsten Schritt, den sie gehen wollen, das Nahziel also, das machen Sie öffentlich und teilen es Ihrem »Publikum« mit. Ihr Publikum sind die Menschen, die Ihnen helfen möchten oder die Ihnen zum Erreichen Ihres Ziels Mut zusprechen. Ihr Publikum ist Ihr Unterstützer- bzw. Supporting-Team. Es geht hier darum, dass Sie von einem Schritt zum nächsten immer wieder sich und Ihrem Team Versprechen geben, was Sie in der Zwischenzeit für das angestrebte Ziel unternehmen werden.

10. Führen Sie ein Fortschrittstagebuch

Notieren Sie Ihre Erfolge auf dem Weg zum Ziel. Wenn Sie sich die Etappensiege optisch als Erfolgsanker auslegen, hilft das besonders in den Momenten, in denen Sie nicht mehr so recht an sich glauben.

Machen Sie sich klar: Kleine Schritte sind der Beginn von etwas Großem. Sie werden im Rückblick die Entwicklung Ihres Projekts überdenken und dabei alle Anzeichen des Fortschritts herausheben. Sie werden die Aufmerksamkeit auf die Momente des Erfolgs lenken. Um sicherzustellen, dass Sie Ihren Fortschritt bemerken, brauchen Sie eine Methode, wie Sie sich unterwegs Ihre Etappenerfolge notieren können.

11. Bereiten Sie sich auf mögliche Rückschläge vor

Wenn etwas Zeit vergangen ist und Sie immer wieder Entscheidungen treffen, was als Nächstes zu tun ist, während Sie Ihren Fortschritt sorgfältig dokumentieren, kann es Ihnen passieren, dass eine positive Entwicklung nicht ganz so eintritt, wie Sie sich das erhofft haben. Es könnte sein, dass Sie verschiedene Arten von Rückschlägen erleben. In solchen Fällen ist es wichtig, dass Sie sich davon nicht zu sehr entmutigen lassen.

Wenn man mögliche Rückschläge im Geiste einplant und sogar schon einmal durchspielt, kann man Ideen entwickeln, wie man damit umgehen könnte, ohne gleich den Antrieb und den Mut zu verlieren.

12. Feiern Sie Ihren Erfolg und danken Sie Ihren Helfern

Der Zeitpunkt wird kommen, an dem Sie Ihr Ziel erreicht haben oder auf alle Fälle so viele Fortschritte gemacht haben, dass Sie stolz auf das Erreichte sein können. Hier werden Sie zurückschauen und Ihren Fortschritt betrachten. Sie werden analysieren, was den Fortschritt bedingt hat. Es wird Ihnen klar werden, wodurch Ihre Helfer oder irgendwelche anderen Menschen zu Ihrem Erfolg beigetragen haben. Sie werden einen Weg finden, all diesen Menschen, die sie unterstützt haben, zu danken und ihre Hilfe zu würdigen.

Lösungsorientiertes Selbstcoaching Schritt für Schritt

Schritt 1: Beschreiben Sie Ihre Vision

»Der Erfolg ist eine Lawine:
Es kommt auf den ersten Schneeball an.«

Clint Eastwood

Was hätten Sie in Ihrem Leben gerne anders?

Stellen Sie sich vor, eine Fee würde Ihnen Ihre Wünsche erfüllen. Gestatten Sie sich, von einer wunderbaren Zukunft zu träumen. Nur die Träume, die auch geträumt werden, können wahr werden. Konzentrieren Sie sich dabei nicht auf die Probleme, die Sie derzeit haben, sondern auf die Chancen, die in der Zukunft liegen. Negativbotschaften – wie »Ich werde nicht mehr in meiner Unordnung ersticken« oder »Ich werde nicht mehr bei der kleinsten Kleinigkeit aus der Haut fahren« – bringen das Problem immer wieder in den Fokus. Das blockiert den Weg zum Erfolg. Mit der Frage »Was werde ich stattdessen tun?« können Sie diese negativen Botschaften leicht in positive umwandeln: »Ich werde ein gutes Ordnungssystem haben« oder »Ich werde Methoden erlernt haben, durch die ich auch in schwierigen Situationen gelassen reagieren kann«. So klingen Ihre Visionen dann gleich besser und vor allem realistischer.

Zunächst kommt Ihnen das vielleicht bloß spitzfindig vor, aber es hat sich gezeigt, dass wir Veränderungen viel leichter erreichen können, wenn wir über Fähigkeiten (die wir in Zukunft haben werden) sprechen und sie auch so benennen, statt über Probleme zu reden. Positiv besetzte Grundbotschaften verändern unsere gesamte Grundstimmung und lassen uns eine Entwicklung und eine Veränderung viel eher zuversichtlich sehen.

Die perfekte Zukunft

»Das Glück Deines Lebens
hängt von der Beschaffenheit Deiner Gedanken ab.«

Mark Aurel

Machen Sie sich das zunutze, was schon dieser römische Kaiser erkannt hat. Steigen Sie aus Ihrem bisherigen Problemzug aus, gehen im Geiste über den Bahnsteig und machen es sich im Visionszug, in Ihrem Zukunftsexpress, bequem. Sie werden die Fahrt genießen.

Formulieren Sie in Ihrer Vision, was erlernt werden soll, anstatt, was aufhören soll. Vermeiden Sie Negativbotschaften!

Vielen, die mit dem lösungsorientierten Selbstcoaching ihre Ziele erreicht haben, ist dieser erste Schritt zum Erfolg besonders schwer gefallen. Stellen Sie sich deshalb vor, dass Sie in einem Jahr ganz zufrieden mit Ihrem Leben sind. Sie haben das Gefühl, dass dies die beste Phase Ihres Lebens ist. Ihre derzeitigen Probleme gehören der Vergangenheit an, und alles scheint gut zu laufen. Sie genießen Ihre Arbeit oder Ihr Studium genauso wie Ihre Freizeit.

Je genauer, desto besser

Beschreiben Sie in der Gegenwartsform ganz detailliert, wie die Dinge dann bei Ihnen laufen.

- Wo leben Sie?
- Was tun Sie?
- Woran arbeiten Sie gerade?
- Wie sieht es mit Beziehungen aus?
- Wie läuft ein normaler Tag oder eine normale Woche ab?
- Inwiefern unterscheidet sich das Leben jetzt im Vergleich zu vorher, wenn Sie zurückblicken?

Der 32-jährigen Marketingexpertin Sabine ist vor einigen Monaten gekündigt worden. Seitdem hat sie immer wieder vergeblich versucht, beruflich neu Fuß zu fassen. Mit jeder zurückgeschickten Bewerbung ist sie tiefer in Selbstzweifel geraten. Sie weiß nicht, wie sie weitermachen soll. Sie wird immer unsicherer, und so dreht sich die Spirale immer weiter nach unten.

Ihre Vision ist es, ein eigenes kleines Werbebüro für die alternative Kunstszene in ihrer Stadt zu eröffnen.

»Früher habe ich gerne selbst Straßentheater gemacht. Wenn es in den letzten Jahren in der Hektik meines Jobs Zeit und Verschnaufpausen gab, bin ich immer gerne ins Theater gegangen. Die unkonventionelle Herangehensweise junger Regisseure finde ich toll. Wie sieht meine Zukunft aus? Ich werde mich auch von der Masse abheben. Ich bin Teil dieser vitalen jungen Kunstszene. Man achtet mich dafür, dass ich mit meinen Marketing-Kenntnissen jungen Theaterleuten zu wirtschaftlichem Erfolg verhelfe. Meine Premieren-Flyer sammelt man sogar, weil sie so ungewöhnlich sind. Schauspieler bitten mich darum, ihre Set-Karten neu zu gestalten. Ich habe lange Wartelisten. Am Anfang gehe ich mit meinen Kunden stundenweise in die Studios der Szenefotografen, später beginne ich vielleicht wieder selbst mit dem Fotografieren. Ich bin mittendrin im Leben, meine kleine Firma läuft wie am Schnürchen, nach zwei Jahren kann ich sogar eine Sekretärin einstellen, es geht immer weiter bergauf.«

Die Vision ist das Ticket zum Ziel

Wenn wir auf unsere innere Stimme hören, dann wird unser Innerer Coach uns sagen: »Ja, genieß es, dir eine gute Zukunft vorzustellen, du hast es verdient, du darfst dir das gönnen!«

Erinnern Sie sich an Ihre Kindheit – Kinder haben die märchenhafte Kraft, sich in alles zu verwandeln, was es gibt. Nutzen Sie diese Fähigkeit auch als Erwachsener wieder. Wenn

Sie nie das Bild entwickelt hätten, dass Sie wie Ihr großer Bruder oder wie die Nachbarskinder Fahrrad fahren können, hätten Sie als Kind vermutlich auch nie gelernt, Fahrrad zu fahren. Sie hätten nie gelernt, auf Bäume zu klettern, oder es nie geschafft, im Gummi-Twist weiter als Ihre Klassenkameradinnen zu kommen.

> Die Vision von einer guten Zukunft ist Ihr Ticket in den Zug zum Erfolg.

Kein Mensch kann sich ohne sein eigenes Einverständnis wohlfühlen. Sie haben den Erfolg verdient.

Die Vision ist die Basis, von der aus wir starten können, sie dient auch im Weiteren wie eine Landkarte immer wieder dazu, dass wir die Orientierung auf unserem Weg nicht mehr so schnell verlieren. Wir wissen ja jetzt, was auf uns wartet und warum es sich lohnt, an unseren Fähigkeiten zu arbeiten, denn wir werden ankommen!

Die Kraft des Wortes

Wir müssen ein Ziel benennen, mit dem wir arbeiten möchten. Das ist der wesentliche Punkt. Kein Ziel – kein Erfolg. Sie werden sich entscheiden müssen: Eine klare Vision davon, wie unsere Zukunft aussehen soll, ist das Fundament, auf dem es möglich wird, Ziele zu identifizieren. Also Dinge zu benennen, die man lernen, verändern oder entwickeln will und die dazu beitragen können, unsere Visionen zu verwirklichen.

Ziele, die auf unsere Zukunftsträume hin ausgerichtet sind, sind automatisch mit unseren innersten Werten verbunden und daher motivierend und erstrebenswert. Wenn wir uns klar machen und ausmalen, wie unsere Zukunft aussehen soll, ist das nicht nur dafür gut, Ziele zu benennen, an denen wir arbeiten wollen. Es ist auch noch aus anderen Gründen nützlich.

Wenn wir eine positive Zukunftsvision entwickeln, gibt uns das neuen Schwung und Erfolg.

Schritt für Schritt wird eine positive Vision der Zukunft aufgebaut. Das gelingt dadurch, dass man Raum schafft für alternative Sichtweisen, wie das Morgen aussehen kann. Glücklicherweise ist die Zukunft ein Land, das niemandem gehört. Wenn wir Zukunftsvisionen entwickeln, haben wir die Freiheit zu spekulieren, wie wir ganz kreativ von unserer Vorstellungskraft Gebrauch machen. Die Vision unserer Zukunft beeinflusst die Art, wie wir die Gegenwart und unsere Vergangenheit betrachten.

Mut zur Vision

Manche Menschen scheuen davor zurück, positive Visionen ihrer Zukunft aufzubauen. »Ich lebe in den Tag hinein«, sagen sie, als wollten sie sich vor möglichen Enttäuschungen schützen, falls ihre Visionen zunichtegemacht werden sollten. Diese Lebensstrategie mag sicherlich bei manchen Menschen funktionieren, aber sie fordert doch einen hohen Preis. Schließlich ist es etwas fundamental Menschliches, Hoffnungen für die Zukunft zu haben, von einer besseren Zukunft zu träumen und hart daran zu arbeiten, wie man die eigenen Visionen verwirklicht. Wir alle tun das, und es verleiht unserem Leben Bedeutung. Indem wir das tun, liefern wir uns selbst der Möglichkeit von Enttäuschungen aus. Aber wir geben uns auch die Chance, die Befriedigung einer vollbrachten Leistung zu empfinden.

Der Sizilianer Domenico Dolce vom Mode-Erfolgslabel Dolce & Gabbana hat es bis an die Spitze der Modewelt geschafft. Trotz noch so vieler Rückschläge hat er sich nie von seinem Traum, irgendwann einmal erfolgreich zu sein, verabschiedet. »Wir machen keine Fehler, niemals! Wir machen nur Erfahrungen«, hat er in einem Interview erklärt. Nun starten Sie sicher nicht gleich in solche Sphären durch, doch ein bisschen von dieser Vermessenheit täte Ihnen doch gut. Wie sagte Peter Ustinov: »Jeder Mensch macht Fehler, das Kunststück besteht darin, sie zu machen, wenn keiner zuschaut.« Nehmen Sie es mit einem Augenzwinkern wie der große Schauspieler: Halten Sie die Scheinwerfer nicht immer wieder sofort auf das, was nicht so optimal gelaufen ist – richten Sie sie lieber immer wieder auf Ihr Ziel.

»Aber wie kann ich mir selbst überhaupt über meine Zukunftsträume klar werden«, fragen Sie sich jetzt vielleicht? Viele Menschen haben zunächst gar kein klar gezeichnetes Bild davon, wie sie sich ihre Zukunft vorstellen. Es kann eine Weile dauern und eine gewisse Anstrengung erfordern, solche Projektionen zu entwickeln – insbesondere, wenn sie lebendig und detailreich ausgeführt werden sollen.

Nehmen wir einmal an, Sie würden eine Person über ihre ideale Zukunft interviewen, und die Person würde auf einen Großteil der Fragen mit »Ich weiß nicht« antworten. Das würde Sie sicherlich frustrieren, und Sie würden den Drang verspüren, die Sache aufzugeben. Wenn es Ihnen so geht, bleiben Sie dran.

Lassen Sie nicht locker: Tief im Inneren schlummert Ihre Vision von einer idealen Zukunft. Bahnen Sie dem Bild einen Weg!

Ausflug ins Glück

Wie sollte Ihre Partnerschaft Ihrem Wunsch nach in der Zukunft aussehen? Es ist nicht einfach, diese Frage zu beantworten, aber überlegen Sie einmal, was Sie Ihr Innerer Coach fragen würde:

- *Wo würdet ihr leben?*
- *Wie würde euer Alltag aussehen?*
- *Wie kommuniziert ihr miteinander?*

- *Welche konkreten Dinge würden dich in deiner Beziehung glücklich machen?*

Zur Beschreibung unserer idealen Zukunft müssen wir Menschen von unserer Vorstellungskraft Gebrauch machen. Stellen Sie sich die folgende Ansprache Ihres Inneren Coachs vor:

> *Wir wollen uns einmal vorstellen, dass ein Jahr vergangen ist. Wähle bitte ein Datum. Wo stehst du? Du lächelst, du strahlst? Warum? Was geschieht in dem Moment gerade in deinem Leben, das dir ein solches Strahlen verleiht?*

Stellen Sie sich vor, dass Sie wirklich schon an diesem Punkt sind. Sagen wir einmal, Ihr Coach verwandelt sich in eine Fliege und fliegt eines Tages in Ihre Wohnung und landet auf der Lampe über Ihrem Esstisch. Es ist Sonntag und Sie sitzen beim Abendessen. Alle scheinen guter Laune zu sein. Ihr Innerer Coach hat den Eindruck, dass Sie darüber sprechen, wie gut die Woche für Sie alle gelaufen ist. Er fragt:

> *Was kann ich im Einzelnen hören? Was erzählt ihr euch gegenseitig? Welche Dinge sind in der Familie im Verlauf der vergangenen Woche geschehen, die dich so glücklich machen?*

Zum Beispiel könnten Sie sagen:

> »Ich fühle mich gut, weil mein Chef sich nicht dauernd über meine Arbeit beklagt« oder »In unserem Team läuft es gut, weil wir uns nicht mehr gegenseitig ignorieren«.

Sie werden die Zukunft mittels der Dinge beschreiben, die Sie an Ihrer gegenwärtigen Situation nervend finden und die nun fehlen. Wenn das passiert, achten Sie darauf, negative Formulierungen in positive zu verwandeln. Fragen Sie sich durch Ihren Inneren Coach:

Jetzt, wo der Chef dich nicht mehr schikaniert, was tut er stattdessen?

Oder:

Und jetzt, wo deine Kollegen dich nicht mehr ignorieren, was tust du stattdessen? Inwiefern geht ihr jetzt anders miteinander um?

Dadurch finden Sie Worte dafür, wie Ihre ideale Zukunft tatsächlich aussehen soll, statt dass Sie sich wie bisher immer nur ausmalen, wie sie nicht aussehen soll.

Starke Bilder

Malen Sie sich das Bild Ihrer idealen Zukunft so lebendig und so detailreich wie möglich aus.

Je aufregender, bunter und erstrebenswerter Sie das Bild Ihrer Zukunft ausmalen, desto begeisterter werden Sie davon sein. Und desto größer wird die Wahrscheinlichkeit, dass Sie bald in genau dieser Zukunft ankommen werden.

Versuchen Sie einmal, Ihre Zukunft aus der Perspektive eines Außenstehenden zu betrachten:

- Wenn die Dinge in der Zukunft gut laufen, welche Veränderung würde Ihrem besten Freund an Ihnen auffallen?
- Was passiert, wenn dieser Freund zum Beispiel im nächsten Oktober Ihren Kollegen anruft, um zu erfahren, wie es an Ihrem Arbeitsplatz läuft. Er wird begeistert über das Ergebnis berichten. Was genau, denken Sie, würde er erzählen?

Spielen Sie das Bild in Gedanken mit Ihrem Inneren Coach weiter durch:

Wie wird es bei dir nächstes Weihnachten aussehen, wenn du mit der Situation zufrieden bist?

»Ich werde immer noch meinen Job haben.«

In Ordnung, das klingt gut. Was noch?

»Ich werde wieder angefangen haben, mit meiner Freundin Jenny schwimmen zu gehen.«

Du wirst deinen Job noch haben, du wirst wieder regelmäßig mit Jenny schwimmen. Was noch?

Übung: Die Vision beschreiben

Nehmen Sie sich für diese Aufgabe mindestens eine halbe Stunde Zeit. Sie benötigen einen Stift, ein paar Blätter Papier und einen Umschlag.

Stellen Sie sich selbst in der Zukunft vor. Wählen Sie ein beliebiges Datum – ein Jahr, zwei Jahre, vielleicht sogar noch weiter entfernt. Sie haben gerade einen Brief von einem sehr guten alten Freund bekommen, den sie ein paar Jahre lang nicht gesehen haben und der nun am anderen Ende der Welt lebt. Sie möchten Ihrem Freund mit einem echten Brief antworten, um ihm zu erzählen, wie es in Ihrem Leben gerade läuft.

Beginnen Sie den Brief mit »Liebe Anna« oder »Lieber Georg« oder welchen Namen Sie auch immer einsetzen möchten und versehen Sie ihn mit einem Datum in der Zukunft. In dem Brief werden Sie Ihrem Freund erzählen, dass es Ihnen gerade außerordentlich gut geht und dass die Dinge hervorragend laufen. Gestatten Sie sich, Ihrer Fantasie freien Lauf zu lassen, während Sie ein vielfältiges und attraktives Bild dieser speziellen Zeit in der Zukunft malen. Wenn Sie möchten, können Sie gerne mehr als nur eine Seite schreiben. Wenn Sie den Brief beendet haben, verstauen Sie ihn an einem sicheren Platz. Eines Tages – vielleicht sogar an dem Tag, auf den der Brief datiert ist – können Sie ihn herausholen und lesen. Möglicherweise werden Sie überrascht sein, wie viel von Ihrer Vision bereits wahr geworden ist.

Wenn Sie ein lebendiges Bild davon entworfen haben, wie die Dinge im besten Falle in der Zukunft laufen werden, ist es an der Zeit, einen Schritt weiterzugehen. Sie sollten nun diese Information als Sprungbrett dafür benutzen, ein spezifisches Ziel zu finden, mit dem Sie arbeiten möchten. Ein Ziel, das dazu beitragen wird, dass die Verwirklichung Ihrer Vision wahrscheinlicher wird.

Schritt 2: Legen Sie sich auf ein Ziel fest

Die Reise kann erst beginnen,
wenn man weiß, wohin man gehen will.

Ein Ziel ist etwas, das Sie lernen, verändern oder verbessern können, um Ihren Traum Wirklichkeit werden zu lassen. Wenn Sie zum Beispiel davon träumen, Flugkapitän zu werden, können Sie Ihrem Traum dadurch ein Stück näher kommen, dass Sie zu einer Piloten-Ausbildung zugelassen werden. Vielleicht müssen Sie auch erst einmal das Geld für solch eine Ausbildung zusammenbekommen.

> Je genauer wir benennen, was wir erreichen wollen, umso eher können wir dort auch tatsächlich hinkommen.

Ein Ziel auswählen

Stellen Sie sich vor: Wenn Sie in Ihrem Garten einen Brunnen graben wollen, sollten Sie sich zuerst entscheiden, wo Sie graben möchten, und dann eine ganze Weile kontinuierlich graben, um Wasser zu finden, statt eine kurze Zeitspanne zu buddeln und dann an einer anderen Stelle erneut mit dem Graben anzufangen – mit dem Ergebnis, dass Ihr Garten voller Löcher ist, ohne dass Sie Wasser gefunden haben.

Das lösungsorientierte Selbstcoaching hilft Ihnen dabei, unter Zuhilfenahme Ihres Inneren Coachs aus der Fülle von Einzelzielen auszuwählen und zu entscheiden, an welchem konkreten Ziel Sie arbeiten möchten. Zu Beginn ist es aber dennoch oft nicht leicht zu definieren, welches Ziel man erreichen will. Manchmal merken Sie, dass Sie viele Ziele haben statt nur eines, und dass Sie sich entscheiden müssen, welches Sie als Erstes erreichen wollen. Ein Kniff: Wenn Sie unsicher sind, mit welchem Ziel Sie anfangen sollen, dann nehmen Sie das heraus, das wahrscheinlich den stärksten positiven Einfluss auf die anderen Ziele hat.

> Wer systematisch und mit entspannter Ruhe das vorbereitet, woran er arbeiten will, hat größere Erfolgsaussichten.

Bevor Sie sich auf den Weg machen, überlegen Sie sorgfältig, wo Sie überhaupt hinwollen. Wir schaffen uns Teilziele auf dem Weg hin zur Vision. Diese Etappenziele müssen für Sie attraktiv sein und Sie müssen realistisch einschätzen, ob Sie sie auch in absehbarer Zeit erreichen können.

Überfordern Sie sich nicht mit allzu hochgesteckten Zielen wie z. B.: »Ich will, dass es mir so geht wie Lena Meyer-Landrut 2010 mit dem Song ›Satellite‹. Ich will den nächsten Grand Prix Eurovisions-Songcontest gewinnen.« Das ist vermutlich kein realistisches Ziel, sondern eher ein frommer Wunsch. Da hilft nur: Bleiben Sie auf dem Boden der Tatsachen. Wir müssen sehr aufmerksam sein in dieser Phase, denn auf der anderen Seite sollten Sie sich auch nicht mit Zielen unterfordern, für die Sie gar nichts oder nur sehr wenig investieren müssen.

Das Ziel und die Vision

Es hat sich bewährt, das Ziel möglichst kurz und prägnant zu formulieren: Sie sollten in drei bis sieben Worten ausdrücken, was Sie anstreben. Lassen Sie dabei Zusatzerklärungen oder Ausschmückungen möglichst weg. So prägt es sich dem Gehirn am besten ein, so ist es auch schnell immer wieder abrufbar.

Ziele sind etwas Konkretes und Greifbares – Dinge, die man wirklich erreichen kann.

Die Vision ist dagegen eher so etwas wie ein Traum, also ein weiter gefasstes fantasievolles Bild davon, wie wir uns die Dinge in der Zukunft vorstellen.

Benennen Sie Ihr Ziel deshalb möglichst konkret und exakt. Schreiben Sie es am besten auf. Dabei hilft es, sich zuvor in schillernden Farben auszumalen, wie eine ideale Zukunft aussehen würde. Wie würden Sie leben, wenn Ihre Vision Wirklichkeit wäre? Lassen Sie einen inneren Film ablaufen. Eine Vision kann sein:

- Wie wäre es, wenn ich es geschafft hätte, Fotomodell zu sein?
- Was für ein Gefühl wäre das, wenn ich bei meinen Kollegen sehr beliebt wäre?
- Wie würde es sich anfühlen, wie würde ich leben, wenn ich ein berühmter Gitarrist wäre?
- Wie wäre es, wenn ich meinen ersten Marathon geschafft hätte?

Wenn wir davon träumen, einen Marathon zu laufen, oder die Vision haben, mehr Wertschätzung von Kollegen zu bekommen, oder wenn es die Vision ist, ein berühmter Gitarrist zu werden, dann suchen wir uns Teilziele auf dem Weg dorthin.

Vielleicht müssen wir etwas verändern, neue Fähigkeiten erlernen, Einfluss auf eine andere Person ausüben oder einfach nur das, was wir ohnehin schon tun, ein klein wenig anders betreiben.

> Wir verwenden den Begriff »Ziel« als das, was wir erreichen müssen, um unsere Vision zu realisieren. Der Begriff »Ziel« ist enger gefasst als eine »Vision«.

Wenn es Ihre Vision ist, ein berühmter Gitarrist zu werden, könnten Ihre Ziele darin bestehen, erstens eine Gitarre zu kaufen und zweitens einen Job zu finden, um die notwendigen Unterrichtsstunden zu finanzieren. Wenn Sie die Vision haben, ein sehr leistungsfähiges Forschungsteam aufzubauen, könnte man Ihre Ziele so benennen, dass Sie erstens die Kommunikation und den Informationsaustausch verbessern müssen, zweitens eine Routine für regelmäßige Besprechungen einführen und drittens ein System für Teammitglieder entwickeln müssen, das es allen erlaubt, sich gegenseitig ein konstruktives Feedback über ihre Ideen und Pläne zu geben.

Aus dem Vollen schöpfen

Wenn die Liste der Ziele erstellt ist, wählen Sie das Ziel, das den größten positiven Effekt auf alle anderen hat. Stellen wir uns vor, Sie sind Student und Ihre Vision besteht darin, ein Wissenschaftler im Bereich der Politologie zu werden, der in irgendeiner Weise zum Weltfrieden beiträgt. Sie haben eine Zukunftsvision und Sie haben eine Liste der Ziele erstellt, die Sie für deren Verwirklichung für hilfreich halten.

Ihre Ziele lauten: erstens, sich an einer exzellenten Universität einzuschreiben, um ein hervorragendes Master-Studium in Politologie zu absolvieren; zweitens, sich mit den Wissenschaftlern in diesem Feld zu vernetzen, um ein besseres Verständnis des Gebiets zu bekommen; und drittens, Ihre Kenntnisse der englischen Sprache zu verbessern.

Diese drei Ziele sind alle relevant und wichtig. Wenn Sie nun eines auswählen sollen, welches soll es sein? Nehmen Sie das, das wahrscheinlich den positivsten Effekt auf die anderen hat. Sie würden demnach wahrscheinlich das erste Ziel wählen. Indem Sie sich an einer Eliteuniversität einschreiben, würden Sie Ihre Kenntnisse der englischen Sprache auf jeden Fall verbessern und die Chancen stünden gut, dass Sie viele Menschen kennenlernen, die sich für dasselbe Forschungsgebiet interessieren.

Weg vom Problem, hin zum Ziel

Im Großen und Ganzen ist die Entscheidung darüber, welches Ziel aus einer Liste mehrerer Ziele zu wählen ist, also gar nicht so schwierig. Das wäre allerdings nicht unbedingt der Fall, wenn Sie statt Zielen eine Liste von Problemen erstellt hätten.

Wenn wir eine Liste von zu lösenden Problemen vor uns haben, neigen wir von Natur aus dazu, herausfinden zu wollen, welches der Probleme auf der Liste das primäre ist – dasjenige, das all die anderen Probleme verursacht. Wir würden versuchen, jenes auszuwählen, das dem ganzen Schlamassel zugrunde liegt. Ein spezifisches Problem, das gelöst werden soll, herauszupicken, kann schwierig sein. Selbst wenn Sie eine klare Vorstellung davon haben, wo Sie beginnen müssen, könnte es sein, dass andere Ihnen widersprechen, weil sie eine andere Vorstellung davon haben, welches Ihrer Probleme eher fundamentaler Art ist als die anderen.

Bis auf den Grund gehen

Nehmen wir an, Sie sind ein Lehrer und haben eine besonders schwierige Klasse. Sie listen die Probleme der Klasse auf. Diese Liste könnte etwa so aussehen:

- Die Mädchen schikanieren sich gegenseitig.
- Die Jungen stören den Unterricht.
- Die Eltern der Kinder zeigen kein Interesse daran, ob ihre Kinder die Hausaufgaben erledigen.
- Die Familien sind so arm, dass sie es sich nicht leisten können, den Kindern die benötigten Schulmaterialien zu kaufen.

Ihre Liste sieht ziemlich übel aus, und es könnte sein, dass Sie allein durch das Betrachten der Liste den Mut verlieren. Aber wo sollen Sie beginnen? Sie würden wahrscheinlich versuchen,

Verbindungen zwischen den unterschiedlichen Problemen zu erkennen und dann herauszufinden, welches die anderen Probleme verursacht. Keine leichte Aufgabe. Wir wollen die Liste nun neu schreiben, aber diesmal nicht als Liste von Problemen, sondern als Liste von Zielen. Damit wollen wir herausfinden, ob es leichter sein wird, sich für ein Ziel zu entscheiden, mit dem man arbeiten möchte.

Die Liste würde dann so aussehen:

- Die Mädchen müssen lernen, sich gegenseitig zu unterstützen, sodass alle das Gefühl bekommen dazuzugehören.
- Die Jungen müssen lernen, leise zu arbeiten.
- Es muss ein Weg gefunden werden, wie man die Eltern mehr in die Hausaufgaben der Kinder einbeziehen kann.
- Die Schule muss ein Leihsystem aufbauen, das es allen Kindern ermöglicht, die benötigten Bücher zu bekommen.

Was Sie hier sehen, ist eine Liste mit vier klar definierten Zielen. Jedes einzelne hat seine Berechtigung. Es käme Ihnen vermutlich noch nicht einmal in den Sinn, das richtige herauszufinden, das allen anderen Zielen zugrunde liegt. Stattdessen würden Sie einfach überlegen, wo man beginnen könnte. Und an diesem Punkt würden Sie es wohl als sinnvoll erachten, mit dem Ziel zu beginnen, das höchstwahrscheinlich den größten positiven Effekt auf die anderen Ziele hat.

Positiv in die Zukunft blicken

Es ist einfacher, etwas Neues zu beginnen, als etwas Altes aufzugeben.

Es ist nicht ungewöhnlich, dass Menschen ihre Ziele in negativer Form ausdrücken, also z. B. so: »aufhören, an den Nägeln zu kauen«, »die Mitschüler nicht stören« oder »keinen Ärger machen«, »aufhören, unter der Woche Alkohol zu trinken« oder »nicht mehr so viel arbeiten«. Negativ formulierte Ziele eignen sich aber nicht besonders gut zum Lernen. Fortschritte kann man dabei schwer feststellen. Und vor allem ist es schwierig, stolz und glücklich auf das Erreichte zu sein, wenn man ausschließlich versucht, eine schlechte Angewohnheit loszuwerden.

> Formulieren Sie positiv: Ein Ziel sollte keine verneinenden Begriffe wie »nicht mehr«, »weniger«, »nicht« oder »nicht mehr« beinhalten.

Negativ formulierte Ziele sind nur halbe Ziele. Ein Ziel, das Sie mit verneinenden Worten formulieren, sagt Ihnen, was Sie nicht wollen (was wichtig ist). Aber es sagt Ihnen nicht, was Sie stattdessen wollen. Glücklicherweise können Sie mit unserer Methode negative Ziele ziemlich leicht in positive umwandeln, indem Sie Ihrem Inneren Coach eine Stimme geben und sich die Frage stellen: »Was muss ich lernen (oder tun), um xy zu erreichen?« Positive Ziele sind viel motivierender.

So könnte das Gespräch mit Ihrem Inneren Coach aussehen:

»Ich will damit aufhören, wochentags Bier zu trinken.«

Das ist eine gute Idee. Was musst du lernen oder was musst du machen, um wochentags kein Bier mehr zu trinken?

»Ich muss lernen, auf dem Nachhauseweg von der Arbeit kein Bier mehr zu kaufen.«

Was musst du dafür tun, um auf dem Heimweg von der Arbeit kein Bier mehr zu kaufen?

»Ich muss wie früher wieder mit dem Fahrrad zur Arbeit fahren.«

Gut, ist das also dein Ziel? Damit anzufangen, dass du mit dem Fahrrad zur Arbeit fährst? Wird dir das dabei helfen, wochentags kein Bier mehr zu kaufen?

»Ja.«

Es ist für uns insgesamt gar nicht so leicht, über Probleme zu reden. Was halten Sie davon, das in einem Experiment zu überprüfen?

Wenn Sie heute nach Hause kommen und die Tür öffnen, dann fragen Sie doch Ihre Partnerin oder Ihren Partner: »Wollen wir uns für heute Abend vornehmen, über unsere Probleme zu reden?« Wer wird da schon eine begeisterte Antwort bekommen wie »Oh, was für eine wundervolle Idee, über Probleme reden, das hat uns immer so viel nähergebracht«? Das eigentliche Problem ist meist, wie wir über Probleme sprechen – und das ist leider oft wenig zielführend.

Konzentration auf die Lösung

Wenn wir Menschen anfangen, über Probleme zu reden, machen wir uns häufig gegenseitig Vorwürfe. Unsere englischen Kollegen haben dafür ein sehr schönes, neues Wort geschaffen: »Blamestorming«. Übersetzen lässt sich das in etwa mit »Vorwurfskonferenz«.

Selbst wenn wir eine einleuchtende Erklärung dafür hätten, warum wir uns so gern gegenseitig Vorhaltungen machen, würde uns das beim Problemlösen nicht viel weiterbringen. Vermutlich ist die Tendenz zum »Blamestorming« in uns tiefer verankert als das konstruktive Brainstorming, also die gemeinsame Suche nach Lösungen. Wenn wir Problemen gegenüberstehen, versuchen wir sie auch zu analysieren, und wenn wir damit erst einmal anfangen, verfallen wir nur zu leicht ins vorwurfsvolle »Blamestorming«.

Den Blick weiten

Wenn wir uns auf das Problem konzentrieren, dann engen wir unseren Blick so weit ein, dass wir nur noch dieses Problem und nicht den Ausweg sehen.

Haben wir erst einmal ein Problem identifiziert, dann fangen wir an, es überall zu sehen. Glücklicherweise können negative Ziele und die Sicht auf das, was problematisch ist, in den meisten Fällen in positive Ziele umgewandelt werden.

- Wenn das negative Ziel darin besteht, »mit dem Nägelkauen aufzuhören«, könnte das entsprechende positive Ziel lauten, »lernen, seine Fingernägel zu pflegen«.
- Wenn bei Kindern das negative Ziel lautet, »die Mitschüler nicht zu stören«, könnte das passende positive Ziel heißen, »lernen, im Klassenzimmer mit leiser Stimme zu sprechen«.

Den Teufelskreis durchbrechen

Positive Ziele sind motivierender, sie sind leichter zu erreichen. Es macht auch einfach viel mehr Spaß, etwas Neues zu erlernen, als etwas Belastendes und Lästiges loszuwerden. Beim erfolgreichen Erlernen neuer Fähigkeiten und dem Erreichen der ersten Ziele verschwinden die Probleme oft von selbst – oder zumindest werden sie kleiner. So gelingt es, den Teufelskreis der bisher versuchten Problemlösungen zu durchbrechen.

Anna und ihr Partner Carlo waren es leid, sich ständig zu streiten und sich durch schlechte Kommunikation auf die Nerven zu gehen. Ihr Ziel formulierten die beiden schließlich so: »Wir wollen lernen, respektvoll miteinander umzugehen.«

Sie hätten vielleicht auch die Formulierung wählen können: »Wir wollen lernen, so miteinander zu sprechen, dass man spürt, wie sehr wir uns mögen.«

Es hilft nichts, sich an Problemen festzubeißen. Viel besser ist es, sich an positiven Zielen zu orientieren.

Da hilft uns unserer Innerer Coach:

Was ist dein Ziel?

»Ich will weniger gestresst sein.«

Hört sich gut an. Was glaubst du, was du lernen musst, um weniger gestresst zu sein?

»Keine Ahnung, aber ich weiß, ich bin ständig viel zu gestresst.«

Es ist schwierig, dafür eine Lösung zu finden. Was hast du dir überlegt oder was haben dir andere vorgeschlagen, was für dich Sinn macht?

»Meine Frau hat vorgeschlagen, ich könne mit Meditationen anfangen. Achtsamkeitsmeditationen hat sie es genannt.«

Das hört sich vielversprechend an. Was denkst du, könnte dir sonst noch helfen, weniger gestresst zu sein?

»Ich könnte an meiner inneren Haltung arbeiten. Vielleicht könnte ich damit anfangen, sie zu verbessern.«

Du hast einige gute Ziele herausgearbeitet. Mit welchem willst du anfangen?

Wenn jemand sagt, dass er etwas für ihn Negatives nicht will, macht er genau genommen eine doppelt-negative Aussage (z. B. »Ich will kein schlechtes Essen«). Ganz leicht kann man eine doppelt-negative Aussage in eine einfache, positive Aussage (»Ich will gutes Essen«) verwandeln. So könnten negative Aussagen in positive Aussagen umgewandelt werden. Im Grunde ist es die Umformulierung der Aufforderung »Lass das!« zu »Tu das!«

Es ist eben *nicht* so, wie Wilhelm Busch es uns in seiner frommen Helene weismachen will: »Das Gute, dieser Satz steht fest, ist stets das Böse, das man lässt.«

So könnte man also beispielsweise umformulieren:

- nicht fluchen → nett zueinander sein
- nicht rumschreien → freundlich und gelassen sein
- nicht mehr andere Menschen ständig unterbrechen → zuhören und ausreden lassen
- nicht mehr nur noch vor dem Fernseher sitzen → aktiv die Abende gestalten
- nicht mehr schüchtern sein → auf Menschen zugehen

Das Ziel benennen und ein Symbol dafür erfinden

Ändere den Namen, und du änderst das Spiel.

Um die Wichtigkeit des Ziels zu erhöhen und sicherzustellen, dass es wirklich das eigene Ziel ist, sollten Sie Ihrem Ziel einen Namen geben. Es ist zwar nicht unbedingt erforderlich, aber Sie werden feststellen, dass es Ihnen dann leichter fällt und Sie motivierter sind, Ihr Ziel zu erreichen. Ihr Projekt, also Ihr Ziel zu benennen, das ist ein bisschen so, wie einem Kind einen Namen zu geben. Erst wenn es einen Namen hat, wird es wirklich ein Teil der Gemeinschaft. Bei Projekten ist das ähnlich. Erst wenn ein Projekt einen Namen hat, existiert es wirklich und ist es wert, dass man ihm seine Aufmerksamkeit schenkt.

Eigentlich bekommt nicht das Ziel einen Namen, sondern das Projekt, das man zum Erreichen des Ziels ins Leben gerufen hat. Nehmen wir an, Sie wären der Manager eines Familienunternehmens und Ihre Vision bestünde darin, die Firma zum

Erfolg zu führen. Nachdem Sie intensiv überlegt haben, haben Sie eine Reihe von Zielen benannt. Eines Ihrer Ziele ist es, besser darin zu werden, Ihren Angestellten Feedback zu geben, insbesondere positives Feedback. Stellen Sie sich folgenden Dialog vor – hören Sie Ihren Inneren Coach, wie er zu Ihnen spricht:

Wie möchtest du dieses Ziel benennen?

»Ich weiß nicht. Muss ich ihm denn einen Namen geben?«

Du musst nicht. Ich glaube nur, dass es gut wäre, wenn du einen kurzen, treffenden Begriff dafür hättest. Es wäre dann einfacher, darüber zu sprechen. Vielleicht könntest du einen passenden Namen finden, der in gewisser Weise das Wesen der Fähigkeiten beinhaltet, die du entwickeln willst.

»Okay, ich verstehe. Sollte ich es vielleicht »Groucho« nennen? Groucho Marx war vielleicht nicht gerade die positivste Figur in der Filmgeschichte, aber er konnte toll mit Worten umgehen.«

Klingt gut. Und ich glaube, das macht es einfacher. Vielleicht macht es sogar ein bisschen mehr Spaß, darüber zu sprechen, dass du »Groucho« bist, als darüber, dass du »lernen musst, besser darin zu werden, deinen Angestellten Feedback zu geben«.

Nicht nur persönlichen Zielen, sondern auch denen von Organisationen kann es zugutekommen, einen kurzen, treffenden Namen zu haben. Nehmen wir z. B. eine Schulklasse, die ihre Arbeitsmoral verbessern möchte: Man könnte ihr Projekt »den Klassengeist verbessern« nennen. Aber der Name wäre wirklich nicht besonders inspirierend. Die Schüler würden wahrscheinlich mehr Spaß daran haben, das Projekt anders zu benennen, und ihm einen etwas spannenderen Namen wie »Angels« oder »Coole Monkeys« verpassen.

Sie können sogar noch einen Schritt weitergehen und dem Projekt zusätzlich zum Namen noch ein sichtbares Symbol irgendeiner Art verleihen. Manchmal kann der Name des Projekts schon als solcher visualisiert werden (denken wir an »Groucho« oder »Coole Monkeys«). In anderen Situationen können Sie Ihre Kreativität spielen lassen, um ein Logo zu entwerfen, das Ihr Ziel oder Projekt symbolisiert.

Das wirkt dann wie ein geheimer Code oder ein Anker, an dem Sie sich immer wieder festhalten können während der Arbeit an Ihrem Ziel. Sobald Sie das Symbol sehen, spult sich wie ein Film alles ab, was dazugehört. Wir verknüpfen die Fähigkeit, die wir erlernen wollen, damit.

Übung: Ein Ziel finden und benennen

Gibt es irgendetwas Besonderes, das Sie tun könnten, um die Chancen zu erhöhen, dass Ihre Zukunftsträume wahr werden? Irgendetwas, das Sie lernen müssen oder worin Sie besser werden müssen? Etwas, das Sie an Ihrem Leben ändern müssen? Etwas, das Sie erledigen müssen, das Sie vielleicht schon länger aufgeschoben haben? Sie wissen selbst am besten, was das sein könnte.

Vielleicht kommen Ihnen viele Dinge, die getan werden müssen, in den Sinn. Wenn das so ist, notieren Sie sie alle auf einen Zettel. Nehmen Sie sich die Zeit, ein Ziel auszuwählen – nur eines, auf das Sie sich nun konzentrieren werden.

Wenn Sie die Liste Ihrer Ziele betrachten und unsicher sind, welches Sie auswählen sollen: Nehmen Sie sich einen Moment Zeit, um herauszufinden, ob eines davon den Anschein hat, Ihnen den größten Nutzen zu bringen oder den größten positiven Effekt auf Ihre anderen Ziele zu haben. Behalten Sie im Hinterkopf, dass Sie durch das Auswählen eines Ziels die anderen keineswegs ausschließen. Sie können gleichzeitig an mehreren arbeiten oder irgendeines davon auswählen, auf das Sie sich als Nächstes konzentrieren möchten.

Geben Sie jetzt dem gewählten Ziel einen Namen, eine kurze, griffige Bezeichnung, die Ihre Intention wiedergibt. Seien Sie kreativ. Der Name kann ernsthaft oder lustig sein – solange er die Essenz dessen erfasst, was Sie erreichen wollen. Wenn Sie möchten, denken Sie über eine Visualisierung Ihres Ziels nach, ein Logo oder ein Symbol beliebiger Art, vielleicht sogar ein Objekt, das Sie auf Ihren Schreibtisch stellen oder an den Kühlschrank kleben können. So können Sie sich täglich an das eigene Vorhaben erinnern, das Ziel zu erreichen.

Schritt 3: Suchen Sie sich Helfer

Nutzen Sie die Kraft des Teams. Jedes klug begonnene und erfolgreich gestartete Unternehmen hat meist ein ganzes Team von Unterstützern hinter sich – auch wenn wir die hinter dem Frontmann oft nicht auf den ersten Blick bemerken. Sie glauben, Sie können Ihr Ziel alleine erreichen? Es gibt sicher Ziele, die man ohne irgendwelche Hilfe erreichen kann. Wenn ich zum Beispiel entschieden habe, meine Wohnung zu putzen, geht das auch ohne Hilfe. Das kann ich theoretisch alleine machen. Wenn man allerdings jemanden hat, der einem dabei hilft, macht die Arbeit auch gleich viel *mehr* Spaß (oder sollen wir sagen, sie ist *weniger* langweilig?) als alleine.

So wie ein Leistungssportler seinen Trainer, seinen Physiotherapeuten, den Zeugwart, den Ernährungsberater und den Motivationstrainer als Supporting-Team hinter sich weiß, so können auch Sie von der Unterstützung durch Freunde, Verwandte oder Kollegen profitieren. Diese Menschen können z. B. allein dadurch zu Ihrem Erfolg beitragen, dass sie

- die Wichtigkeit Ihrer Ziele bestätigen,
- hilfreiche Vorschläge oder Ideen unterbreiten,
- Ihnen Mut zusprechen,
- Sie in schwierigen Zeiten unterstützen,
- Ihnen helfen, Ihren Fortschritt anzuerkennen, oder
- sich über Ihre Erfolge freuen.

Ein Netzwerk für Ihr Projekt

*Freunde sind Engel, die uns auf die Beine helfen,
wenn unsere Flügel vergessen haben, wie man fliegt.*

Um auf Ihrem Weg zum Ziel die maximale Unterstützung sicherzustellen, sollten Sie wichtige Personen dazu einladen, als »Helfer« bei Ihrem Projekt mitzumachen. Das kann Ihnen sogar noch einen Extrakick geben, weil die Helfer überzeugt werden müssen, dass Sie Ihr Ziel wirklich erreichen wollen. Das führt dazu, dass Sie Ihre Ziele auch wirklich verfolgen. Durch die Anteilnahme erfahren Sie so etwas wie einen Bonus, wie einen Schub nach vorne. Es ist klar, dass es nicht reicht, einfach nur eine Reihe von Helfern aufzuzählen. Man muss sie direkt ansprechen und mit ihnen einen Plan schmieden, wie sie Sie konkret unterstützen können. Wenn Sportler einen Sponsor gewinnen, dann wird auch darüber geredet, wie der Sportler sein angepeiltes Ziel erreichen kann und wie der Sponsor ihn dabei unterstützen kann.

Verabreden Sie sich mit Ihrem Inneren Coach:

Jetzt hast du also ein Ziel und sogar einen passenden Namen dafür. Welchen Leuten willst du davon erzählen?

»Muss ich überhaupt jemandem davon erzählen?«

Ja, es könnte sinnvoll sein. Du könntest dabei sicher Hilfe und Unterstützung von anderen gebrauchen.

»Mein Mann/meine Frau weiß ja schon davon. Ich habe mit ihm/ihr ein paar Mal über mein Ziel gesprochen.«

Was würde er/sie dazu sagen, wenn du erzählen würdest, was du alles für das Erreichen des Ziels getan hast? Sogar einen Namen hast du gefunden und ein Symbol gezeichnet?

»Er/sie wäre sicher total erfreut. Vielleicht könnte ich ihn/sie auch bitten, mir mitzuteilen, wenn ihm/ihr Fortschritte auffallen.«

Imaginäre Helfer

Manchmal kann es auch sein, dass man sich einen imaginären Helfer sucht. Gerade für Kinder und Jugendliche kann das ganz sinnvoll sein. Diese imaginären Helfer können Idole und Helden der Jugendlichen sein, zu denen kein direkter Kontakt besteht. Wir haben erlebt, dass sich Jugendliche Personen aus dem Sport, dem Musikbusiness, den Medien, aus Büchern oder sogar Computerspielen wählen. Da wird das Leben des Idols zum Vorbild und Ansporn, denn dieser Star es auch geschafft hat, sein Ziel zu erreichen. Solange diese imaginären Unterstützer nicht die gesamte Lebensgestaltung bestimmen, können sie im LOS-Programm wirkungsvoll eingebaut werden.

Helfer zu haben und zu wissen, wie diese Sie unterstützen können, wird Ihnen Zuversicht geben. Es wird Ihr Gefühl bestärken, dass Sie Ihr Ziel wirklich erreichen können. Nutzen Sie auch die Unterstützung, die Ihnen die sozialen Netzwerke im Internet bieten. Sie können so auch die schnelle Kommunikation mit Ihren Freunden und Bekannten für ihr Ziel einsetzten.

Als sich der 22-jährige David als Ziel gesetzt hatte, endlich rauchfrei zu leben, gehörte zu seinem Unterstützer-Team auch ein älterer Arbeitskollege. Dieser hatte selbst vor Jahren das Rauchen aufgegeben und konnte David immer wieder in schwachen Momenten darin bestärken, dass sein Ziel zu schaffen ist. David hatte mit ihm vereinbart, dass er ihn dann, wenn die Gier nach einer Zigarette unbezwingbar erscheinen würde, anrufen dürfe. Höchstens fünf Minuten solle der Kollege dann mit ihm reden und ihn dadurch davon abhalten, eine Zigarette anzuzünden. Beide wussten, dass häufig nur diese kurze Zeitspanne darüber entscheidet, ob ein Raucher rückfällig wird oder seinem Ziel des rauchfreien Lebens wieder einen Schritt näher kommt. Nach jedem »Not-Telefonat« war nicht nur David stolz, sondern auch sein Arbeitskollege, dass er ihm helfen konnte, das Ziel zu erreichen.

Doppelter Gewinn – die Vorteile des Networkings

Gegenseitige Hilfe macht selbst arme Leute reich.

Was für die Chinesen eine Lebensweisheit ist, dass müssen wir in der Praxis oft neu entdecken. Die Beziehung zu seinen Helfern sollte man nicht als Einbahnstraße ansehen, sondern viel mehr als eine Straße mit Verkehr in beiden Richtungen. Sie werden davon profitieren, Helfer zu haben, aber in den meisten Fällen werden auch die Helfer einen Nutzen aus Ihrem Ziel ziehen können.

Wenn Ihre Tochter z. B. das Ziel hat, sich einen Job für den Sommer zu suchen, werden Sie ihr liebend gerne dabei helfen – nicht nur, weil Sie die Mutter oder der Vater sind und es als Ihre Pflicht ansehen, sondern auch, weil Sie davon profitieren, wenn sie einen Ferienjob hat. Natürlich ziehen Sie daraus den Nutzen, dass sie Sie weniger oft um Geld bitten wird. Aber Sie freuen sich zusätzlich auch über die zunehmende Unabhängigkeit Ihrer Tochter. Und was für Sie und Ihre Tochter gilt, gilt genauso für die meisten Situationen, in denen man sich Ziele setzt und nach Helfern sucht.

> Um Ihr Ziel wirklich zu erreichen, suchen Sie sich am besten ein ganzes Team an Unterstützern. Das können Kollegen, Freunde oder Bekannte sein.

Nutzen oder bilden Sie ein Unterstützungsnetzwerk, denn der soziale Einfluss verstärkt sich vom äußeren Rand des Netzwerks nach innen. Es ist wie bei der Suche nach einem Job. Der entscheidende Tipp für eine gute Stelle kommt oft nicht von den engsten Vertrauten, sondern von den Bekannten von Freunden.

Vielleicht kennen Sie die Geschichte, die den Unterschied zwischen Himmel und Hölle beschreibt: Ein Mann, der gestorben war, erhielt die Erlaubnis, den Himmel und die Hölle zu besichtigen, um eine bewusste Entscheidung zu treffen, wohin er gehen wolle. Beide Orte sahen gleich aus mit wunderschönen Landschaften, singenden Vögeln und Tafeln voll von köstlichem Essen und Trinken. Der einzige Unterschied bestand darin, wie die Menschen aussahen: Im Himmel sahen die Leute wohlgenährt und gesund aus, in der Hölle eher wie die Insassen eines Arbeitslagers. Als er die Hölle besuchte, erfuhr er den Grund für das Hungern der Bewohner: Ihre Arme waren im Ellbogengelenk versteift und sie konnten das Essen nicht zum Mund führen. Zu seiner Überraschung sah der Mann beim Betreten des Himmels, dass die Arme der Bewohner dort ebenso steife Ellbogengelenke hatten. Der Unterschied bestand darin, dass die Bewohner des Himmels sich nicht selbst zu ernähren versuchten, sondern sich gegenseitig fütterten.

Veränderungen brauchen ein Publikum

Unser Konzept von Helfern geht allerdings noch über die Idee der Unterstützung, des Helfens und Ermutigens hinaus. Es bezieht sich auch auf die Idee, dass Veränderungen in vielen Fällen eines Publikums bedürfen. Nehmen wir zur Illustration das folgende, drastische Beispiel:

Ein Alkoholiker mag mit dem Trinken aufhören, aber das tatsächliche Beenden des Alkoholkonsums ist nur ein Teil der Veränderung. Der andere Teil besteht darin, die Menschen aus seinem Umkreis davon zu überzeugen, dass diese Veränderung stattgefunden hat.

Der Alkoholkranke muss erkennen, dass er in seinen Suchtjahren Menschen verprellt hat, darunter auch Familienmitglieder, Vorgesetzte und einige seiner früheren guten Freunde. Ihm wird klar, dass er zusätzlich zu dem Ziel, seine Angelegenheiten in Ordnung zu bringen, noch ein anderes Ziel hat, das ihm mindestens genauso wichtig ist: nämlich das Ziel, seinen Ruf zu verbessern, die Menschen in seiner Umgebung davon zu überzeugen, dass er sich verändert hat und wieder ein vertrauenswürdiger Mensch geworden ist.

Für ihn wird das Rekrutieren von Helfern nicht nur die Bedeutung haben, Leute zu finden, die ihn ermutigen und dabei unterstützen können, clean zu bleiben. Es ist zur selben Zeit auch eine Einladung an Personen aus seinem Umfeld, sich davon zu überzeugen, dass er Fortschritte gemacht hat, dass er sich verändert hat.

Im lösungsorientierten Selbstcoaching können Sie sich mit der Stimme Ihres Inneren Coachs auf die Suche nach Unterstützern machen. Wichtig ist, dass Sie nicht gleich nach der ersten Antwort aufhören, sondern immer noch ein Stückchen weiter fragen.

Du willst also ein besserer Chef werden? Du glaubst, dass du dein Ziel erreichst, wenn du deinen Angestellten öfter positives Feedback gibst. Das hört sich gut an. Wem willst du von diesem Ziel erzählen?

»Ich habe nicht vor, irgendjemanden zu informieren.«

Das musst du auch nicht. Aber könnte es nicht sein, dass es dir hilft? Ich glaube, wenn die Leute deine Zielrichtung kennen, dann können sie dich auf irgendeine Art unterstützen.

»Ich könnte es meinem Mann erzählen.«

Gute Idee. Sicher wäre er froh, dich zu unterstützen. Vielleicht auch, weil er dann hofft, dass du dasselbe auch für ihn machen würdest.

»Daran habe ich noch gar nicht gedacht, aber das hätte er sicher gern.«

Wen könntest du noch nach Unterstützung fragen?

»Ich habe über das, was im Job passiert, schon mit meiner Schwester geredet. Sie arbeitet in einer großen Firma und hat schon etliche Management-Bücher gelesen.«

Was wird sie wohl zu deiner Idee sagen, dass du deinen Angestellten künftig öfter einmal positives Feedback geben willst?

»Das fände sie sicher eine großartige Idee.«

Gut, dann hast du also schon zwei Unterstützer. Wer kommt dir noch in den Sinn?

»Ich könnte mit meinen beiden Kindern darüber sprechen. Die sind schon 12 und 15.«

Glaubst du nicht, dass die beiden vermutlich vorschlagen werden, dass du das mit ihnen übst.

»Ich lobe beide ständig und ich weiß, wie sie das mögen.«

Prima. Gibt es noch einen Weg?

»Was wäre, wenn ich meinen Kollegen davon erzähle?«

Wie würden sie wohl reagieren?

»Sie könnten erfreut sein, vielleicht würden sie sich aber auch über mich lustig machen. Die sind oft sehr ironisch.«

Würden sie sich eher über dich lustig machen, wenn du es ihnen erzählst, als wenn du es nicht erzählst? Wenn du ihnen seltsam vorkommst, sobald du sie lobst, dann wissen sie im Grunde nicht, um was es dir geht.

»Das ist ein wichtiger Punkt. Wenn sie wissen, worum es mir geht, dann sind sie viel eher bereit mitzumachen, als wenn sie raten müssen, was da plötzlich vor sich geht.«

Übung: Helfer suchen

Erstellen Sie eine Liste von Personen, bei denen Sie sich vorstellen können, ihnen über Ihr Ziel zu berichten. Schließen Sie Familienmitglieder, Freunde, bestimmte Arbeitskollegen, Kommilitonen usw. mit ein – jeden, der Interesse an Ihrem Ziel haben oder in irgendeiner Weise dazu beitragen könnte.

Denken Sie darüber nach, in welcher Form Sie diesen Personen von Ihrem Ziel berichten. Was würden Sie ihnen darüber erzählen und wie genau stellen Sie sich deren Beitrag vor? Was glauben Sie, wie die Leute reagieren werden? Was würde es in Ihnen auslösen, wenn die Resonanz überwiegend positiv und ermutigend wäre? Wenn Sie sich darauf vorbereitet haben, anderen Ihr Projekt zu eröffnen, ergreifen Sie den nächsten Schritt und sprechen Sie mit ihnen darüber. Aller Wahrscheinlichkeit nach werden Sie überrascht sein, wie groß die Bereitschaft der anderen ist, Ihnen zu helfen. Vielleicht bringen sie brauchbare Ideen ein, was Sie für Ihr Ziel unternehmen könnten. Sie könnten Ihnen auch langfristige Unterstützung anbieten. Versprechen Sie diesen Menschen, sie darüber zu informieren, was Sie für Fortschritte machen. Vergessen Sie auch nicht, ihnen für ihr Interesse und ihre Hilfsbereitschaft zu danken.

Schritt 4: Schauen Sie auf den Nutzen

»Man liebt das, wofür man sich müht,
und man müht sich für das, was man liebt.«

Erich Fromm

Unserer 5-Punkte-Regel der Motivation zufolge ist einer der entscheidenden Motivationsfaktoren, dass das eigene Ziel interessant, attraktiv und anregend ist. In der Praxis bedeutet das: Sie können erkennen, dass das Erreichen Ihres Ziels wichtige Vorteile für Sie und vielleicht sogar für andere Menschen in Ihrer Umgebung mit sich bringen wird.

> Nur wer fest davon überzeugt ist, dass sich das Erreichen des Ziels lohnt und dass es Vorteile für einen selbst und andere bringt, hat auch genug Schubkraft, es zu erreichen.

Motivation hängt von vielen Faktoren ab. Besonders Kinder haben manchmal Schwierigkeiten zu erkennen, dass das Erlernen von Fähigkeiten Vorteile hat. Es liegt gar nicht so sehr an den Mühen, die dafür nötig sind. So ist es nicht leicht, Fahrrad fahren zu lernen, aber die meisten Kinder sind dazu motiviert. Ihr Eifer wird immer wieder angestachelt, wenn sie sich vorstellen, welche Vorteile es mit sich bringt, Fahrrad fahren zu können: Es macht Spaß, es ist ein Zeichen dafür, dass das Kind nun schon groß ist, und es eröffnet viele neue Chancen. Wir müssen Kindern nicht erklären, dass es eine gute Idee ist, Fahrrad fahren zu lernen. Gerade für Kinder können Vorteile relevant sein, die uns Erwachsenen nicht gleich ins Auge springen, wie z. B. bei den Freunden beliebter zu sein oder mehr Zeit für eigene Hobbys zu haben.

Den Vorteil ins Auge fassen

Als Kind haben Sie Fahrrad fahren gelernt, Sie haben schwimmen gelernt usw. – was haben Sie sich in all den Jahren nicht alles angeeignet. Diese Kraft können Sie auch jetzt im Erwachsenenalter wieder nutzen. Fragen Sie sich doch einmal, was es Ihnen bringt, Ihr Ziel zu erreichen.

Der amerikanische Topmanager Norman R. Augustine, früher Vorsitzender der NASA, hat es so formuliert: »Die Motivation ist das Zünglein an der Waage. Im Sport setzt man sie manchmal mit ›geistiger Zähigkeit‹ gleich – wie könnte man sonst die zahlreichen Fälle in jeder Saison erklären, bei denen eine Mannschaft eine andere verdientermaßen besiegt, doch ein paar Wochen später vom Verlierer niedergerungen wird? Fast immer schlägt die Motivation das große Talent.«

Es ist offensichtlich, dass Ihr gewähltes Ziel in mancherlei Hinsicht nützlich für Sie ist; sonst wäre es nicht auf Ihre Liste von Zielen gelangt. Allerdings ist es möglich, dass Sie sich nicht darüber im Klaren sind, dass Ihr Ziel eine Vielzahl von Vorzügen aufweisen kann. Wenn Sie über diese Frage nachdenken oder noch besser mit einer anderen Person darüber sprechen, dürfte Ihnen das helfen, sich der unterschiedlichen Vorteile Ihres Ziels bewusst zu werden.

Die hohlen und die hohen Ziele

»Bemüht euch, glaubt an euch, bleibt euch treu« – das ist die Erfolgsformel, die Leistungsträger häufig als Rezept für ihren Erfolg verkünden. Sie alle beflügelt, dass bei ihnen irgendwann aus einem winzigen Funken eine mächtige Flamme entstanden ist.

In einem Interview hat es der rumänische Sport-Manager und frühere Trainer von Boris Becker, Ion Tiriac, so formuliert: »Gibt es etwa eine bessere Motivation als den Erfolg?«

Manchmal strampeln Leute sich für Ziele ab, die ihnen von anderen Menschen vorgeschlagen worden sind, von Familienmitgliedern, Lehrern, Richtern, Ärzten etc.: Sie sollten einen Führerschein erwerben, Sie sollten heiraten, Sie sollten Kinder bekommen, Sie sollten aufhören zu rauchen, Sie sollten weniger trinken, Sie sollten diese Beziehung beenden usw.

Diese Litanei kann jeder mit Leichtigkeit fortsetzen – und wen nervt sie nicht? Was steckt dahinter? Ziele, die nicht unsere eigenen sind, sondern uns von anderen Menschen nahegelegt wurden, sind oft hohl. Selbst wenn Sie dem Ziel halbherzig zustimmen, haben Sie doch kein echtes persönliches Interesse an der Verwirklichung.

Stellen Sie sich vor, Ihr Ziel wäre es, den Motorradführerschein zu machen. Sie sind sehr beschäftigt und finden deshalb nur sehr schwer die Zeit für die Fahrstunden. Aber Sie sind motiviert, weil Ihr Ziel Ihnen hilft, Ihren Traum Wirklichkeit werden zu lassen. Ihr Traum ist es, die berühmte Route 66 gemeinsam mit Ihrem Partner auf einer Harley Davidson zu fahren. Ihr Ziel ist eng mit Ihrem Traum verbunden, und deshalb ist es für Sie automatisch motivierend. Aber Sie können Ihre Motivation noch weiter vergrößern, wenn Sie sich zusätzlich Vorteile klar machen, die mit dem Erreichen Ihres Ziels verbunden sind.

Hören Sie auch auf Ihren Inneren Coach. Stellen Sie sich vor, was für Fragen möglich wären:

Ich bin sicher, es gibt noch weitere Vorteile. Was könnte das sein?

»Ich könnte während der Sommermonate auch zu Hause mit dem Motorrad fahren.«

Sicher, das ginge. Würdest du das dann auch wirklich tun?

»Ich glaube, ich würde den Führerschein nicht bloß für die Amerika-Tour machen. Ich würde auch gern durch Deutschland fahren.«

Wie könnte das ablaufen?

»Ein paar alte Freunde von mir reisen regelmäßig mit ihren Motorrädern herum. Die könnte ich fragen, vielleicht können wir dann zusammen eine Tour machen.«

Welche weiteren Vorteile siehst du?

»Ich hasse den Verkehr. Mit dem Motorrad wäre ich wendiger und könnte so sicher viel schneller als mit dem Auto zur Arbeit fahren.«

Je länger Sie darüber nachdenken, desto mehr Vorteile werden Sie sehen. Und je mehr Vorteile Sie sehen, desto motivierter werden Sie sein, Ihr Ziel zu erreichen.

Eine Frage der Blickrichtung

Damit aus hohlen Zielen interessante Ziele werden, muss ein Schalter umgelegt werden, und das bedeutet häufig, dass man Einsicht in die entscheidenden Vorzüge des Ziels gewinnt.

Gregor, 54, ein Pilot aus Finnland, weigerte sich nach einem gerade überstandenen Herzinfarkt und der folgenden Reha standhaft, sich an die Anweisungen des Arztes zu halten und seine ungesunden Ernährungsgewohnheiten aufzugeben. Obwohl der Arzt ihm unverblümt gesagt hatte, dass er nicht mehr lange zu leben hätte, wenn er sich nicht anders ernähren würde, hatte das nichts gebracht.

»Ich werde niemals ein Sprossenfresser werden, so viel steht fest«, lautete Gregors Antwort, wann immer das Thema aufs Essen kam.

Eines Tages traf sich Gregor mit seinem Arzt und einem Therapeuten. Dieser eröffnete das Gespräch, indem er Gregor fragte, ob es irgendetwas gebe, das er richtig gerne tue, irgendeine große Leidenschaft, die ihm eine Menge bedeute. »Nun ja, es gibt eine Sache, die ich wirklich sehr gerne mag«, sagte Gregor, »ich liebe Eisfischen. Ich bin früher mit meinem jetzt 21-jährigen Sohn zu Wettbewerben im Eisfischen gegangen und wir haben uns sehr gut geschlagen. Wir saßen da zusammen auf dem Eis und fingen aus den Eislöchern mehr Fische als irgendein anderer. Aber das hat sich jetzt geändert. Mein Sohn hat eine Beziehung zu einem Mädchen und er ist so von ihr in Beschlag genommen, dass er keine Zeit mehr hat, mit mir zusammen auf Wettbewerbe zu gehen. Und alleine habe ich eigentlich keine Lust.«

Der Therapeut und Coach antwortete ihm, indem er das folgende Bild ausmalte:

»Ich habe ein deutliches Bild vor Augen, wie ich an einem sonnigen Wintertag auf dem zugefrorenen See spazieren gehe. In einiger Entfernung sehe ich zwei Gestalten auf Klappstühlen sitzen, eine größere und eine kleinere. Als ich näher herankomme, sehe ich eine Menge Fische auf dem Eis liegen, die die beiden gefangen haben, und als ich erkenne, dass Sie der größere der beiden sind, frage ich Sie, wer der kleine Mann ist, der neben Ihnen sitzt. Stolz stellen Sie ihn mir als Ihren Enkel vor. Aus Neugierde lehne ich mich über Ihren Angelkasten, und als ich den Deckel anhebe, sehe ich darin zwei Töpfchen. In dem einen sind Würmer als Köder, und der andere ist voller Sprossen. Ich frage mich, wie Sie mir das erklären würden.«

Gregor lächelte und sagte: »Ich hab's kapiert. Ich verstehe Ihre Art von Humor. Sie haben mich gerade erfolgreich davon überzeugt, Sprossen zu essen oder was auch immer ich tun muss, um das noch zu erleben.«

Wir können uns und auch andere auf zwei Arten dazu motivieren, etwas anders zu machen. Entweder legen wir die Gefahren und negativen Konsequenzen dar, die uns drohen, wenn wir so weitermachen wie bisher. Oder wir zählen die unterschiedlichen Vorzüge auf, die es hätte, dieselbe Sache auf eine andere Weise zu tun. Dieser Ansatz, bei dem wir die Vorzüge der Alternative herausstellen, erscheint deutlich effektiver.

Menschen neigen generell dazu, mehr Motivation für Veränderungen aufzubringen, die ihnen Vorzüge bringen, als für solche, die es ihnen erlauben, schädliche Dinge zu vermeiden. Wenn Sie zum Beispiel Ihr Kind dazu motivieren, die Schullaufbahn abzuschließen, werden Sie wahrscheinlich mehr Erfolg haben, wenn Sie über die Chancen sprechen, die sich ihm nach dem Schulabschluss auftun, als wenn Sie die Gefahren und die negativen Konsequenzen betonen, die einem beim Schulabbruch drohen.

Es gibt eine Reihe von guten Fragen, die Sie im Prozess des lösungsorientierten Selbstcoachings anwenden können, um die Vorzüge und den Nutzen Ihres Ziels klarer auszumalen.

- Warum ist dieses Ziel wichtig für mich?
- Welche positiven Effekte wird das Erreichen des Ziels für mich haben?
- Welchen sonstigen Gewinn wird es geben?
- Ich habe X als einen positiven Effekt herausgefunden. In welcher Art und Weise werde ich davon profitieren?

So bekommt Ihr Projekt Auftrieb

Scheuen Sie sich nicht, die Perspektive zu erweitern und Ihre Umwelt in die Überlegungen über die positiven Effekte einzubeziehen.

Das Ziel muss einen Nutzen bringen. Es muss sich lohnen!

Ob ein bestimmtes Ziel auch wirklich erreicht wird, hängt weitgehend davon ab, wie sehr die Beteiligten das Ziel erreichen wollen und wie stark sie daran glauben, dass sie es erreichen können. Je größer der Nutzen ist, den man mit einem bestimmten Ziel verbindet, desto schneller will man das Ziel erreichen.

- Wird das Erreichen meines Ziels auch positive Effekte auf Menschen haben, die mir wichtig sind?
- Wer wird am meisten profitieren? Inwiefern? Wer sonst noch?
- Glaube ich, dass das Erreichen des Ziels auch einen positiven Effekt auf meine Familie haben könnte? Und auf meine Gesundheit?
- Wie steht es mit meinen Chancen, einige meiner Visionen zu verwirklichen?

Wenn Sie sich die unterschiedlichen Vorzüge Ihrer Ziele vor Augen führen, gibt das Ihren Projekten in der Regel einen gehörigen Anschub und verleiht Ihnen Auftrieb und neue Energie. Wer zum Beispiel gerade in der Existenzgründung steckt und lernen will, wie man eine Website erstellt, dem kommt dieses Ziel umso interessanter vor, je stärker er davon überzeugt ist, dass das erworbene Wissen der eigenen Firma nützen und ihm Zufriedenheit schenken wird. Je mehr Vorzüge Sie finden können, umso attraktiver wird das Ziel und umso größer wird Ihre Motivation, schließlich in Aktion zu treten, um es auch zu erreichen.

Übung: Auf den Nutzen schauen

Da Sie nun Ihr spezifisches Ziel, an dem Sie arbeiten möchten, festgelegt haben, sollten Sie sich die Zeit nehmen herauszufinden, welchen Nutzen es Ihnen und anderen Menschen bringen kann, das Ziel zu erreichen. Stellen Sie eine möglichst lange Liste der wahrscheinlichen positiven Konsequenzen aus dem erreichten Ziel zusammen. Denken Sie darüber nach, inwieweit es Ihnen nützt – Ihrem Wohlbefinden, Ihrer Karriere und Ihrer Beziehung. Denken Sie auch darüber nach, inwieweit es anderen Menschen nützt – Familienmitgliedern, Freunden, Kollegen oder sonstigen Personen.

Geben Sie nicht auf, bevor Sie eine ganze Seite mit möglichen positiven Auswirkungen des erreichten Ziels gefüllt haben. Wenn Sie damit fertig sind, überlegen Sie mal, welche Wirkung das auf Sie hat. Was haben Sie jetzt für Empfindungen? Sind Sie sogar noch stärker davon überzeugt, dass Sie die richtige Wahl getroffen haben?

Beachten Sie: Wenn Sie es schwierig finden, sich irgendwelche positiven Effekte Ihres Ziels vor Augen zu führen, könnte es nötig sein, dass Sie die Wahl Ihres Ziels noch einmal überdenken. Ist es Ihr Ziel? Ist es das, was Sie wirklich erreichen wollen?

Wenn nicht: Werfen Sie noch einmal einen Blick auf Ihre Liste oder denken Sie über Ziele in Ihrem Leben nach, die Sie noch nicht notiert haben. Greifen Sie dann ein neues Ziel heraus – eines, das Ihnen im Moment wichtiger vorkommt.

Schritt 5: Achten Sie auf bisherige Fortschritte

Das Thema der bereits gemachten Fortschritte ist einer der Aspekte, die Ihnen im Verlauf des lösungsorientierten Selbstcoachings die größte Kraft verleihen. Machen Sie sich klar, dass Ihr Ziel nicht einfach plötzlich aus dem Nichts aufgetaucht ist, sondern dass es etwas ist, an dem Sie tatsächlich schon eine Weile lang gearbeitet haben. Je mehr Fortschritte Sie benennen können, umso mehr bekommen Sie das Gefühl, dass Sie auf dem richtigen Weg sind. Es gibt nichts, was einem mehr Hoffnung verleihen kann, als sich vor Augen zu führen, dass ein beachtlicher Teil der Arbeit bereits erledigt ist.

> Die bereits gemachten Fortschritte verleihen Ihnen die größte Kraft.

Ist man auf dem Weg, dann kann man immer wieder nach den vielen Anzeichen schauen, die zeigen, welche Fortschritte man schon gemacht hat. Machen Sie sich Folgendes klar:

- Sie hatten früher schon Erfolge.
- Sie haben kürzlich Fortschritte gemacht.
- Sie sind zuversichtlich, Sie glauben an sich.
- Es ist bereits ein Fortschritt, dass Sie Ihrem Ziel mehr Aufmerksamkeit als früher schenken.
- Es ist ebenfalls schon ein Fortschritt, dass Sie bereits an einigen Veränderungen arbeiten und dass Sie Unterstützer gewinnen konnten.

Durch diese Betrachtungsweise legen Sie die Grundlage zu einer Verbesserung. Oft ist es das Gefühl einer Welle, auf der Sie bereits reiten. Das sorgt für Schwung und ebnet Ihnen den Weg für die Frage: »Wenn diese positive Entwicklung anhält, wo sehe ich mich dann in der Zukunft?« Malen Sie sich so anschaulich wie möglich aus, wie sich die Lage weiter verbessert, wie die Situation in ein paar Wochen oder Monaten aussehen wird – angenommen, Sie erreichen Ihr Ziel. Nehmen Sie vor Ihrem geistigen Auge eine ideale Zukunft vorweg. Lauschen Sie Ihrer Zukunftsmusik. Sie werden genau das erreicht haben, was Sie sich als Ziel ausgewählt haben!

Übung: Bisherige Fortschritte ausmachen

Denken Sie einen Moment über Ihr Ziel nach. Es ist wahrscheinlich keine ganz neue Idee, die Sie noch nie vorher erwogen haben. Höchstwahrscheinlich ist es etwas, das bereits stattfindet – eine Entwicklung, die vor einiger Zeit oder vielleicht sogar schon vor langer Zeit begonnen hat. Versuchen Sie, so viele der folgenden Fragen wie möglich zu beantworten. Stellen Sie sich den Fragen Ihres Inneren Coachs:

- *Wann hast du zum ersten Mal an dieses Ziel gedacht?*
- *Wie ist dir klar geworden, dass es wichtig ist?*
- *Welche Schritte hast du bereits unternommen?*
- *Was hast du über dieses Thema gelesen?*
- *Mit wem hast du darüber gesprochen?*
- *Inwiefern hat es dir geholfen, mit anderen Leuten darüber zu sprechen?*
- *Welche Anzeichen eines Fortschritts sind dir bewusst?*
- *Wen kennst du, der den Eindruck hat, dass du Fortschritte gemacht hast? Welche Fortschritte hätte er oder sie bemerkt?*
- *Wer hat dir in Bezug auf dieses Ziel geholfen oder dich unterstützt?*
- *Welche Erfolgsmomente hat es gegeben, in denen du eine Art Rausch durch das Näherrücken des Ziels verspürt hast?*
- *Auf einer Skala von 1 bis 10 – wobei 1 für den absoluten Anfang steht und 10 dafür, dass du dein Ziel erreicht hast: Was sagst du, wo stehst du jetzt?*
- *Was vermittelt dir das für ein Gefühl, wenn du dir klarmachst, dass du schon so weit gekommen bist?*

Auf dem Weg in die Zukunft

Der Erfolg ist oft nur einen Gedanken weit weg.

Es kann hilfreich sein, sich auf einem großen Blatt Papier aufzuzeichnen, wie weit man auf einem Strahl in Richtung Ziel bereits vorangekommen ist. Nur selten wird es nötig sein, ein Projekt am Nullpunkt zu beginnen. In den meisten Fällen hat man schon ein paar Dinge unternommen. Finden wir heraus, welche Fortschritte Sie bereits gemacht haben und wie weit Sie auf Ihrem Weg inzwischen gekommen sind.

Auch wenn Sie noch nichts wirklich Konkretes unternommen haben, könnte es sein, dass Sie sich schon eine ganze Menge Gedanken darüber gemacht haben. Die Tatsache, dass es schon einen gewissen Fortschritt gibt, hilft Ihnen, Zuversicht aufzubauen. Schließlich ist es immer einfacher, etwas fortzuführen, das man schon begonnen hat, als mit etwas ganz Neuem bei null anzufangen.

Die Mediengestalterin Simona, 24, hatte als Ziel definiert, fließend Spanisch zu sprechen. Auf ihrer Skala von 1 bis 10 bedeutete 10, dass sie so gut Spanisch beherrscht, dass sie mit großem Genuss spanische Literatur und Poesie lesen kann. Die 1 bedeutete, dass »hola« und »hombre« so ziemlich die einzigen spanischen Wörter sind, die sie kennt. Als sie nun überlegte, wo sie sich im Moment selbst einordnet, wurde ihr klar, dass sie weit über die Stufe 1 hinaus war und bereits einfache Texte sowohl lesen als auch verstehen und übersetzen konnte. Sie erkannte, was sie auf dem Weg zu ihrem Ziel schon erreicht hatte. Sie fing an, darüber nachzudenken, was sie bereits getan hatte, um von Stufe 1 weiterzugelangen.

Schritt 6: Planen Sie künftige Fortschritte

»Es soll nicht genügen, dass man Schritte tue, die einst zum Ziel führen, sondern jeder Schritt soll Ziel sein und als Schritt gelten.«

Johann Wolfgang von Goethe

Sie sind auf der Reise zum Ziel bereits weit fortgeschritten. Nun können Sie einen Stufenplan, eine Art »Fortschrittstreppe«, für Ihr Projekt anlegen. Ihr Innerer Coach ist wieder am Zuge. Er fragt Sie:

- *Was sind die nächsten Anzeichen für einen Fortschritt auf dem Weg in Richtung Ziel?*
- *Was kannst du in den nächsten Tagen und Wochen erreichen und tun?*

Merken Sie etwas? Sich ein Bild vom zukünftigen Fortschritt zu machen ist nicht dasselbe, wie ihn zu planen. Das Erstere ist eine Übung der Imagination, bei der man es als gegeben annimmt, dass man sein Ziel erreicht, und dann visualisiert, wie diese Entwicklung aussehen würde. Das Zweite bezieht sich auf eine Aktivität, bei der man einen Handlungsplan entwirft und Entscheidungen über eine Reihe von Dingen trifft, die zum Erreichen des Ziels nötig sind.

Der Unterschied zwischen beidem – sich ein Bild machen und planen – zeigt sich darin, was für Fragen Sie in dem Dialog mit Ihrem Inneren Coach beantworten. In der Planungsphase werden Sie sich etwa folgende Fragen stellen:

- *Was muss ich tun, um mein Ziel zu erreichen?*
- *Was wird dabei der erste Schritt sein?*
- *Worin wird mein zweiter und dritter Schritt bestehen?*

Je konkreter, desto besser

Werden Sie ganz präzise. Also nicht: »Ich will mehr Sport machen.« Sondern: »Ab heute gehe ich zweimal die Woche schwimmen.« Wer noch auf der Stufe ist, sich den Fortschritt erst einmal nur bildlich auszumalen, wer also noch keine konkreten Schritte plant, der wird sich eher folgende Fragen stellen:

- *Was kann ich beobachten, wenn sich die Situation weiterhin gut entwickelt und ich nächste Woche sehe, dass sich die Dinge bereits ein Stück weit bewegt haben?*
- *Nehmen wir an, ich würde über die nächsten Wochen einen kontinuierlichen Fortschritt zu verzeichnen haben. Wo sehe ich mich selbst nächste Woche?*
- *Was wäre nächste Woche für mich ein Signal dafür, dass ich Fortschritte mache?*
- *Wie wäre es in zwei Wochen, wo würde ich dann stehen?*
- *Wie könnten andere Leute bemerken, dass ich Fortschritte gemacht habe?*
- *Was würde den größten Skeptiker, den ich kenne, davon überzeugen, dass ich einen Schritt weitergekommen bin? Was würde ihn davon überzeugen, dass ich Fortschritte gemacht habe?*

Bringen Sie sich selbst dazu, sich sowohl die anstehenden Schritte auf dem Weg zum Ziel vorzustellen und sich auszumalen, wie auch ganz konkret ins Handeln zu kommen und einen Plan zu entwerfen.

Wenn wir ein neues Projekt starten, dann fangen wir nie ganz bei null an. Ein paar Vorarbeiten sind meist schon gemacht – und wenn es nur die Tatsache ist, dass wir darüber nachgedacht und schon öfter darüber gesprochen haben. Wir sind also bereits auf dem Weg. Wenn Sie sich das vor Augen führen, dann stärkt Sie das. Es gibt Ihnen Zuversicht.

> Je klarer Sie sich darüber sind, was Sie bereits auf Ihrem Weg erreicht haben, desto klarer werden Ihre Vorstellungen davon, wie Sie weitermachen können.
>
> Ihre Entwicklung ist auf dem besten Weg!

Gehen Sie wieder in das Gespräch mit Ihrem Inneren Coach:

Du hast also vor, mehr Sport zu machen. Hört sich gut an. Ich wette, du fängst damit nicht bei null an?

»Ich habe mir einen Hometrainer gekauft.«

Wow! Hast du ihn schon benutzt?

»Nein, bisher nicht.«

Ist er denn schon fertig aufgestellt? Kannst du ihn benutzen, wann immer du willst?

»Ja, ich habe sogar schon rausbekommen, wie man die Programme einstellt.«

Ist ja klasse. Was hast du sonst noch gemacht?

»Meine Schwester hat mir von einer Gymnastik erzählt, die sich Zumba nennt.«

Was ist Zumba?

»Das ist eine neue Art von Fitness-Gymnastik mit einem Musikmix aus Salsa, Merengue, Calypso und Flamenco, die angeblich viel Spaß macht und ziemlich wirkungsvoll ist.«

Zumba soll es also sein. Was hast du sonst schon alles gemacht?

»Nicht viel. Ich habe mir nur einiges überlegt, aber noch nicht zu trainieren angefangen.«

Was hast du dir für Gedanken gemacht?

»Ich habe mir überlegt, dass ich gerne mit dem Windsurfen weitermachen würde.«

Und weiter?

»Ich habe mir überlegt, dass ich meine Kondition verbessern muss, wenn ich weiter Spaß an Sport und Bewegung haben will. Es ist nicht lustig, immer so schnell außer Atem zu kommen – und dann diese Muskelkrämpfe ...«

Das hört sich logisch an. Was hast du sonst noch getan?

»Ich war mit meiner Schwester schwimmen – nicht regelmäßig, aber schon ein paar Mal.«

Das scheint mir alles in die richtige Richtung zu gehen.

Immer eine Stufe höher

Rom wurde nicht an einem Tag erbaut.

Wir alle wissen: Das Schwierigste ist immer das Anfangen. Und wie oft haben wir schon erfahren: Jeder Abschnitt, den wir bewältigen, erhöht die Chance, dass wir auch den nächsten angehen. Der Stufenplan macht Ihr Projekt überschaubar und planbar. Was Sie vorhaben, wird dadurch auch immer konkreter und verbindlicher.

Sie sollten sich den Plan am besten aufschreiben und dann in den kommenden Phasen immer wieder ansehen. Indem Sie einzelne kleine Schritte festlegen, bleiben Sie besser dran und können Rückschläge leichter überwinden.

Im Grunde könnte man es das »Jogi-Löw«-Prinzip nennen. Für jeden einzelnen Spieler hat der deutsche Fußball-Nationaltrainer solch einen Stufenplan entwickelt, um damit Schritt für

Schritt das Optimum für den Einzelnen zu erreichen – individuell zugeschnitten auf das Ziel und die Fähigkeiten jedes Spielers. Dieses Erfolgsprinzip können Sie sich im lösungsorientierten Selbstcoaching zunutze machen.

Der wohldurchdachte Plan

Damit Sie dahin kommen, wohin Sie möchten, ist es wichtig, dass Sie ein möglichst klares Bild davon entwickeln, was Sie in der Praxis erreichen wollen. Es gibt ein paar typische Fragen, die Sie sich im Dialog mit Ihrem Inneren Coach stellen können, um dann die aufeinander aufbauenden, zum Ziel führenden Schritte konkreter zu beschreiben.

Stell dir vor, ich treffe dich in ein paar Wochen und du hast richtig gute Nachrichten, die du mir mitteilen willst. Was könnte das sein?

»Ich würde dir erzählen, dass ich mit meiner Frau über die Idee, in Italien ein Haus zu kaufen, gesprochen habe.«

Angenommen, sie wäre damit einverstanden und die Angelegenheit würde vorankommen. Was für gute Nachrichten könntest du mir erzählen, wenn ich dich weitere zwei Wochen später treffen würde?

»Ich wäre glücklich, dass sich die Dinge endlich bewegen.«

Ja, vermutlich würdest du mir davon erzählen. Ich würde dich fragen, was passiert ist. Was würdest du mir antworten?

»Ich würde dir erzählen, dass wir Flugtickets nach Italien gekauft haben, um uns ein paar Objekte anzuschauen.«

Wow! Und wenn ich dich nach weiteren vier Wochen wieder treffen würde, wo würdest du dich da auf dem Weg zu deinem Ziel befinden? Mal vorausgesetzt, alles würde glatt laufen?

»Ich hätte einen Anwalt gefunden, der uns bei dem Papierkram hilft und der uns davor schützt, übers Ohr gehauen zu werden.«

Gehen wir noch weiter – wie wäre es von jetzt aus gerechnet in einem halben Jahr?

»Du würdest von mir eine E-Mail bekommen mit zwei Fotos von unserem neuen Zuhause – eines vor und eines nach der Renovierung!«

Im Grunde brauchen Sie eine Roadmap. Eine Karte, die Ihnen dabei hilft zu wissen, wann Sie angekommen sind, und auf der Sie auch sehen können, ob Sie auf dem richtigen Weg sind, wie weit Sie schon gekommen sind und wie weit Sie noch gehen müssen.

Lassen Sie sich für diesen Schritt genug Zeit. Wenn Sie dafür Ihre Fantasie einsetzen und nicht bloß streng rational planen, wird die Aufgabe weniger mühsam und macht mehr Spaß. Zeichnen Sie eine Karte, die Ihre Entwicklung als stufenförmigen Fortschritt mit einem praktischen Beispiel auf jeder Stufe veranschaulicht.

Wenn Sie nur darüber nachdenken, inwieweit die Dinge in einer Woche anders sein werden, dann bleiben Sie vermutlich ziemlich abstrakt. Dann kommt Ihnen in den Sinn: »Ich werde mich besser mit meinem Freund verstehen.« Das ist nicht wirklich konkret. Versuchen Sie, konkrete Beispiele für das Besser-Verstehen zu finden. Oder stellen Sie sich vor, Sie würden einen Tag lang mit einer Videokamera gefilmt. Woran könnte ein Betrachter merken, dass Sie sich mit Ihrem Freund besser verstehen?

> Je klarer das Bild der Etappen auf dem Weg zum Ziel in Ihrem Kopf ist, umso mehr werden Ihnen die Mittel und Wege bewusst werden, wie Sie dahin gelangen können.

Die Vorstellungen davon, was Sie benötigen, um Ihr Ziel zu realisieren, entstehen als ein Nebenprodukt bei der Visualisierung der positiven Entwicklung. Schritt für Schritt kommen Sie Ihrem Ziel näher. Gehen Sie Ihr Tempo, spüren Sie, wie Sie vorankommen. Die Tuareg, die seit Jahrhunderten mit ihren Karawanen die Wüste durchqueren, sagen: »Den Schritt muss man dem Bein anpassen.«

Übung: Künftige Fortschritte planen

Beschreiben Sie ein Bild, wie Sie sich den Fortschritt vorstellen – angenommen, alles läuft gut. Entwerfen Sie eine Zeichnung, die vier bis zehn Schritte enthält, und verwenden Sie die Schritte in dem Bild, um den Fortschritt als einen positiv verlaufenden Prozess zu beschreiben. Geben Sie jedem Schritt einen zeitlichen Rahmen, sodass der erste Schritt für den Zeitpunkt in einer Woche steht, der zweite Schritt für den in zwei Wochen usw. Die Anzahl der Schritte, die Sie in Ihrer Zeichnung abbilden möchten, und das zeitliche Intervall, das Sie ihnen zuweisen möchten, werden von der Art Ihres Ziels abhängig sein. Planen Sie die Schritte so klein, dass Sie sicher sind, den einzelnen Schritt in der geplanten Zeit auch schaffen zu können.

Verwenden Sie nun die Schritte Ihres Bildes, um eine klare Vorstellung von den Phasen des Prozesses zu entwickeln, der zu Ihrem Ziel führt. Beantworten Sie die folgenden Fragen Ihres Inneren Coachs:

- *Was wäre ein kleines Anzeichen, etwa morgen, innerhalb von ein paar Tagen oder in einer Woche, das dir den Beginn einer Bewegung in die richtige Richtung signalisieren würde?*
- *Was wäre ein noch bedeutenderes Zeichen, vielleicht eine Woche später, das dir zeigen würde, dass du auch weiterhin Fortschritte machst?*

- *Wo stehst du in einem Monat? Wie steht dein Projekt in einem Jahr?*
- *Wie werden andere Menschen bemerken, dass du zum nächsten Schritt übergegangen bist?*

Was würde selbst den größten Skeptiker unter deinen Freunden davon überzeugen, dass du dein Ziel erreicht hast? Wenn Sie kreativ und fantasievoll sind, können Sie noch weitere Einzelschritte zusätzlich einsetzen. Indem Sie eine stufenförmige Beschreibung der erwünschten Veränderung erstellen, werden Sie Zuversicht aufbauen. Sie werden sich gleichzeitig selbst dabei helfen, die spezifischen Dinge klar zu erkennen, die Sie zum Erreichen des Ziels tun müssen.

Schritt 7: Stellen Sie sich den Herausforderungen

»Nur diejenigen, die sich trauen, in großem Stil zu scheitern, können auch in großem Stil Erfolg haben.«

John F. Kennedy

Wenn das, was Sie sich als Ziel gesetzt haben, ein Kinderspiel wäre, dann hätten Sie es schon längst getan. Machen Sie sich klar: Was Sie sich vorgenommen haben, das ist in Ihrer Situation eine echte Herausforderung. Es ist für Sie eine schwierige Aufgabe, aber es ist nicht unmöglich. Es ist zu schaffen. Das müssen Sie sich immer wieder vor Augen führen. Das stärkt Ihre Ausgangsposition und lässt Sie Ihr Vorhaben realistisch einschätzen.

Stellen Sie sich ein Gespräch mit Ihrem Inneren Coach vor:

Gewichtsabnahme ist ein wunderbares Ziel, aber soviel ich weiß, nicht gerade ein leichtes. Was denkst du? Ich habe viele Menschen erlebt, die sich mit diesem Ziel abquälen.

»Das stimmt. Es ist in der Tat ziemlich schwierig. Ich muss zugeben, dass ich es schon öfter ohne Erfolg versucht habe.«

Hast du darüber nachgedacht, woran das liegt, dass es so schwierig ist?

»Ich weiß genau, was es so schwierig macht. Ich müsste disziplinierter und besser organisiert sein, bin es aber nicht. Das ist es eigentlich!«

Das kann ich verstehen. Gibt es noch irgendetwas anderes, das es für dich so schwierig macht?

»Klar! Zum Beispiel, dass ich Sportstudios nicht leiden kann und dass ich Schokolade zu sehr mag.«

Ja, das klingt nachvollziehbar. Kein Wunder, dass es für dich ziemlich hart ist, dieses Ziel zu erreichen. Aber du hast es selbst ausgewählt, also musst du wohl davon ausgehen, dass du es erreichen kannst. Was gibt dir das Gefühl, dass du es trotz aller Schwierigkeiten schaffen wirst?

Zweifel zulassen

Für die meisten von uns ist es befriedigender, schwierige Ziele anzustreben, als leichte. Indem man anerkennt, dass ein Ziel eine Herausforderung darstellt, verleiht man der Motivation, das Erforderliche dafür zu tun, die nötige Würze. *No risk – no fun!*

Es ist in der Regel besser, Raum für Skepsis zu schaffen, als sie zu unterdrücken. Lassen Sie zu, dass Sie Zweifel und Vorbehalte haben. Wenn man anerkennt, dass etwas schwierig ist (oder besser gesagt »nicht einfach«), bedeutet das noch lange nicht, dass es unmöglich ist. Im Gegenteil: Wenn etwas schwierig ist, ist es fast schon per definitionem auch möglich. Wenn Sie darüber nachdenken, warum das Erreichen Ihres Ziels nicht einfach ist, dient Ihnen das als Brücke dafür, zur nächsten logischen Antwort überzugehen: »… und deshalb ist es dennoch möglich!«

Übung: Herausforderungen begegnen

Sie haben ein Ziel ausgewählt, das anspruchsvoll ist und eine Herausforderung darstellt. Schließlich würden Sie all dies nicht auf sich nehmen, wenn es nur ein Kinderspiel wäre. Sie müssen auch nicht herausfinden, wie Sie mit all den Punkten umgehen sollen, die das Erreichen des Ziels für Sie so schwierig machen. Sie müssen auch noch keine Strategie entwerfen, wie Sie mit den unterschiedlichen Hindernissen und Widerständen umgehen. Schreiben Sie einfach nur ein paar der Gründe auf, warum es für Sie eine Herausforderung sein wird, Ihr Ziel zu erreichen. Gehen Sie dann zum nächsten Schritt über.

Schritt 8: Machen Sie sich selbst Mut

»Denken nach rückwärts bringt niemanden vorwärts.«
Winfried M. Bauer

Nehmen Sie sich ernst, haben Sie Respekt vor sich selbst, trauen Sie sich das Erreichen Ihres Zieles zu! Wenn Sie verzagt und mit tausend Wenn und Aber an eine Sache herangehen, dann werden Sie kaum die Kraft und den Elan entwickeln, energisch über Tage und Wochen an Ihrem Ziel zu arbeiten. Eine der Schlüsselfaktoren in unserem Verständnis von Motivation im lösungsorientierten Selbstcoaching ist »Zuversicht« – das heißt, daran zu glauben und optimistisch zu sein, dass man in der Lage sein wird, sein Ziel zu erreichen.

In den vorangegangenen Schritten haben Sie bis jetzt schon eine gehörige Portion Zuversicht aufgebaut, indem Sie Ihr Bewusstsein dafür gestärkt haben, welchen Fortschritt Sie bereits gemacht haben, und indem Sie Helfer rekrutiert haben, die Sie beim Erreichen Ihres Ziels unterstützen. Für manche mag das völlig ausreichen. Allerdings kann man gar nicht genug an Zuversicht einpacken, wenn man sich auf den Weg macht. Zwei Dinge können da wie ein zusätzlicher Antrieb wirken: erstens das Anerkennen früherer Erfolge und zweitens, sich klarzumachen, dass es zusätzliche Ressourcen, zusätzliche Krafttankstellen gibt.

Anerkennen frühere Erfolge

Wenn Sie zurückdenken, wie viele Probleme Sie während Ihres bisherigen Lebens bereits erfolgreich gelöst haben und wie viele

Ziele Sie in der Vergangenheit bereits erreicht haben, wird es leicht sein zu erkennen, dass es in der Vergangenheit Herausforderungen gegeben hat, mit denen Sie erfolgreich fertig geworden sind und die sich gar nicht so sehr von der jetzigen Herausforderung unterscheiden.

Amelie und Fred erinnerten sich sofort an eine ihrer großen Bergtouren, die sie trotz eines plötzlichen Wetterumschwungs heil überstanden hatten. Monatelang hatten sie sich damals auf diese Trekkingtour durch den Himalaya vorbereitet und dafür im Hunsrück an mehreren Wochenenden trainiert.

Da die beiden sonst nicht herausragend sportlich waren, hatten ihre Freunde nicht geglaubt, dass sie bis auf die Höhe des Everest-Basecamps hochsteigen könnten.

Obwohl diese Tour schon Jahre zurücklag, gab ihnen die Erinnerung daran immer wieder Kraft für ihr neues Ziel, das in ihren Augen viel leichter war: ihren Freundeskreis zu erweitern.

Jede Erinnerung an frühere Erfolge im Umgang mit Problemen oder Herausforderungen – sogar wenn es um Probleme oder Herausforderungen geht, die mit der derzeitigen Situation nicht direkt vergleichbar sind – führt tendenziell zu einer optimistischen Haltung. Wir Menschen neigen dazu zu denken: »Wenn ich es vorher geschafft habe, dann kann ich es auch wieder schaffen.«

Die Bewerbung, die Ihnen damals den tollen Job verschafft hat, haben Sie geschafft, das gigantische Unternehmen, ein eigenes Haus zu bauen – Sie haben es geschafft. Suchen Sie nach solchen Leuchttürmen in Ihrem Leben. Das sind die Atempausen für Ihre Seele. Es kann der Abschlussball gewesen sein, vor dem Sie einen solchen Bammel hatten, der zweite Platz beim Tennis-Turnier, das erste Date, die Mathe-Prüfung oder dieses Gefühl, als Sie beim zweiten Anlauf endlich doch die Führerscheinprüfung geschafft haben. Wenn Sie damit anfangen, über frühere

Herausforderungen nachzudenken, werden Ihnen vermutlich noch viel mehr Beispiele aus Ihrem Leben einfallen.

Mehr Kraft durch viele Ressourcen

Jeder Mensch hat irgendwelche Ressourcen, also Fähigkeiten, Talente, Know-how und vielleicht sogar Charaktereigenschaften, die zum Realisieren des Ziels eingesetzt werden können. Es kann sinnvoll sein, diese Ressourcen auf einem Blatt Papier zu sammeln. Nehmen Sie dabei die Perspektive Ihres Inneren Coachs ein:

- *Welche Qualitäten oder Fähigkeiten, die beim Erreichen des Ziels hilfreich sein könnten, würden deine Kollegen/dein Chef/deine Familienmitglieder/deine Freunde dir deiner Meinung nach zuschreiben?*

Je intensiver Sie nach Ressourcen suchen, umso mehr Ressourcen werden Sie auch finden. Ihr Innerer Coach fragt weiter:

- *Gibt es irgendetwas anderes, das für dich hilfreich sein könnte? Es könnte sich dabei um Bücher, Zeitschriften, Internetseiten handeln oder um Dinge, die dir Spaß machen – Werte, nach denen du dich in deinem Leben richtest, auch zusätzliche Kontakte zu Personen, mit denen du dich beraten könntest. Was kommt dir da in den Sinn? Inwiefern wäre das für dich hilfreich?*

Die Antworten auf diese Frage sind wichtig, weil eine Ressource für uns nur dann als eine Art Krafttankstelle wirken kann, wenn wir verstehen, wie sie in der Praxis bei unserem Streben nach dem Ziel von Nutzen ist.

Eine Frage der Prozente

Im Prozess des lösungsorientierten Selbstcoachings kommen Sie ganz unkompliziert und schnell weiter, wenn Sie eine Antwort auf die Frage wagen: »Was gibt Ihnen die Zuversicht, dass Sie in der Lage sein werden, Ihr Ziel zu erreichen?«

Ihren Glauben an das Erreichen Ihres Ziels können Sie versuchen, auf einer Skala von 1 Prozent bis 100 Prozent abzubilden. Dabei steht 1 Prozent für »Es wird wahrscheinlich nie geschehen« und 100 Prozent für »Nichts kann mich aufhalten«. Vermutlich liegen Sie wie die meisten Menschen, die mit dem lösungsorientierten Selbstcoaching auf dem Weg zu einem Ziel sind, deutlich über dem Wert 50. Fragt man hier weiter, werden Sie ganz schnell Antworten geben können auf die Frage: »Was gibt Ihnen diese Zuversicht?«

Übung: Sich Mut machen

Da Sie bereits die Frage beantwortet haben, warum das Erreichen Ihres Ziels nicht einfach ist, ist es nun an der Zeit, über die gegenteilige Frage nachzudenken: Welches sind die vielfältigen Gründe dafür, warum Sie glauben, das Erreichen Ihres Ziels sei dennoch möglich?

Erstellen Sie eine möglichst lange Liste. Denken Sie erneut über den Fortschritt nach, den Sie bereits gemacht haben. Erinnern Sie sich an frühere Erfolge beim Erreichen ähnlicher Ziele. Denken Sie darüber nach, welche zusätzlichen Ressourcen sonst noch für Sie verfügbar sein könnten. Denken Sie über Ihre eigenen Stärken nach und seien Sie dabei nicht bescheiden. Sie besitzen wahrscheinlich eine ganze Reihe von Fähigkeiten und positiven Qualitäten, die Ihnen bei der Umsetzung Ihres Ziels dienlich sein könnten. Sie können sogar erwägen, Ihre Helfer zu fragen, wie diese Ihre Erfolgschancen einschätzen. Wenn sie sagen, sie seien zuversichtlich, dass Sie Ihr Ziel erreichen können, gehen Sie noch einen Schritt weiter: Fragen Sie sie, wie sie zu diesem Optimismus kommen. Es mag Sie überraschen herauszufinden, dass andere Leute tatsächlich an Sie glauben und dass sie das nicht nur aus Höflichkeit sagen, sondern gute Gründe dafür haben.

Schritt 9: Geben Sie ein Versprechen

Sie sind schon ziemlich weit gekommen auf Ihrem Weg zum Ziel. Doch nun wird es ernst. Jetzt heißt es: Butter bei die Fische! Das Fundament für Ihr Projekt ist gelegt, nun stehen Sie davor, Ihr Haus Stein für Stein hochzuziehen.

Bisher haben wir uns lediglich Ziele gesetzt, uns im Geiste Bilder des Fortschritts ausgemalt und auf unterschiedliche Weise die Motivation angekurbelt. Um zu unserer Metapher vom Brotbacken zurückzukehren: Der Teig ist angerührt und hatte Zeit aufzugehen; es ist nun an der Zeit, den Teig in den Ofen zu schieben und ihm die nötige Hitze zuzuführen, die ihn in Brot verwandelt.

Wie lautet Ihr Aktionsplan für die kommenden Tage? Am besten planen Sie einen ersten winzig kleinen Schritt auf dem Weg zu Ihrem Ziel – eine Art Babyschritt. Jetzt wird klar, dass Sie die Angelegenheit ernst nehmen. Sie planen nicht nur, Dinge zu tun, sondern Sie legen sich auch darauf fest, sie in die Tat umzusetzen. Geben Sie sich das Versprechen, etwas Konkretes zu tun, zeigen Sie Ihre Entschlossenheit!

Die Killerfrage

Es dürfte Ihnen aufgefallen sein, dass die unvermeidliche Frage »Was werden Sie konkret für Ihr Ziel unternehmen?« relativ spät im Verlauf des lösungsorientierten Selbstcoachings auftaucht. Vorher müssen Sie die Motivation und das Bewusstsein dafür aufgebaut haben, was zum Erreichen Ihres Zieles zu tun ist.

Fragt man zu früh nach den ersten Schritten, also bevor das Interesse und die Zuversicht aufgebaut sind, kann das leicht nach hinten losgehen. Stellen Sie sich z. B. einen Patienten vor, der seinem Arzt erzählt, er habe sich entschlossen, mit dem Rauchen aufzuhören. Der Arzt antwortet mit folgender Bemerkung: »Also, was werden Sie dafür unternehmen?« In einigen Fällen kann das vielleicht sogar funktionieren, aber meistens riskieren Sie durch voreiliges Konfrontieren mit der Frage des Inneren Coachs «Was wirst du dafür unternehmen?«, dass Sie die Lust oder die Bereitschaft verlieren, sich für eine Veränderung einzusetzen. Zunächst müssen sie eine Weile geduldig dabei bleiben und erst einmal genug Motivation entwickeln. Sie brauchen Kraft und Zuversicht, damit eine Veränderung auch gelingt.

Kein Wunder, dass die Frage »Was wirst Du konkret unternehmen?« von professionellen Coachs manchmal die »Killerfrage« genannt wird. Warten Sie also mit dieser persönlichen Killerfrage geduldig, bis Sie überzeugt sind, genug Kraft getankt und Ressourcen im Gepäck zu haben, um auf die Reise zum Ziel durchzustarten.

Kleine Schritte

Kleine Schritte bringen einen oft weiter als große Sprünge.

Wir empfehlen Ihnen, langsam voranzugehen. Geben Sie lieber ein kleineres Versprechen ab als ein größeres. Der Vorteil kleiner Versprechen, wie sie die Schritt-für-Schritt-Methode im lösungsorientierten Selbstcoaching empfiehlt, ist der, dass Sie sie vermutlich eher einhalten können und mit größerer Wahrscheinlichkeit den Fortschritt und Erfolg auch selbst feststellen werden.

Scheuen Sie sich also nicht, klein bzw. bescheiden anzufangen.

»Erfolg hat nur, wer etwas tut, während er auf den Erfolg wartet.«
Thomas Edison

Sie wollen tanzen lernen? Versprechen Sie, in die Bücherei zu gehen und sich ein paar Bücher und DVDs über die ersten Tanzschritte zu besorgen. Oder noch eine Stufe niedriger: Vielleicht versprechen Sie erst einmal, überhaupt herauszufinden, wo die Bücherei ist?

Sich eher kleine als große Versprechen abzugeben hat den zusätzlichen Vorteil, dass der Fortschritt leichter wahrnehmbar ist und man ihn anderen Menschen leichter mitteilen kann. Schließlich sind die Aufmerksamkeit im Hinblick auf Erfolge und der Austausch mit anderen die treibende Kraft und das Herzstück jedes Ansatzes, der auf Veränderung abzielt.

Öffentlichkeit tut gut

Wenn Sie nur sich selbst etwas versprechen, ist es äußerst einfach, das Versprechen zu brechen. Wenn Sie einer anderen Person etwas versprechen, setzen Sie sich stärker dafür ein, es einzulösen. Wenn Sie Ihr Versprechen sogar öffentlich machen, also vor mehreren Leuten davon sprechen, sind Sie fast verpflichtet, es auch zu halten.

> Geben Sie Ihr Versprechen öffentlich ab! Damit wecken Sie Erwartungen, die Sie auch einhalten müssen.

Informieren Sie die Menschen in Ihrem Umfeld darüber, welches Ziel Sie erreichen wollen. Ein Tipp, wenn Sie sich ohnehin ständig im Web 2.0 in den sozialen Netzwerken bewegen: Schreiben Sie doch auch dort in Ihren Blogs über Ihre Ziele. Das kann eine ganze Menge von stärkenden und unterstützenden Reaktionen mit sich bringen.

Wenn Sie Ihr Versprechen öffentlich machen, weckt das Erwartungen: Die Leute, die davon erfahren haben, welches Ziel Sie sich gesetzt haben, werden erwarten, dass Sie es einhalten, und ihre Erwartungen erzeugen sozialen Druck. Eine gesunde Portion sozialer Druck – insbesondere, wenn er freiwillig hervorgerufen wurde – kann uns den zusätzlichen Antrieb geben, den wir benötigen, um das zu tun, was zur Umsetzung unserer Ziele nötig ist. Gleichzeitig werden uns die, die unser Ziel jetzt kennen, ermutigen und helfen, dort auch anzukommen und nicht auf halber Strecke aufzugeben.

Übung: Ein Versprechen geben

Um Ihr Ziel zu erreichen, werden Sie handeln müssen, also Dinge tun müssen, die Sie Ihrem Ziel näherbringen. Sie sollten einen Pan für jede Woche haben, einen Plan, der eine Verpflichtung bzw. ein »Versprechen« enthält, bei dem Sie sich für die nächsten sieben Tage jeweils eine Aufgabe zuweisen.

Um sicherzustellen, dass Sie sich an diese selbst auferlegten wöchentlichen Aufgaben halten, gibt es zwei Dinge, die Sie tun sollten. Zuerst sollten Sie Ihre Versprechen irgendwo aufschreiben, wo Sie sie leicht sehen können, sei es in Ihrem Kalender, einem Notizbuch, an der Kühlschranktür oder in Ihrem Blog im Internet. Zweitens sollten Sie mindestens eine, besser zwei Personen auswählen, denen Sie von Ihren wöchentlichen Versprechen berichten.

Wenn Sie Ihre Versprechen mit anderen Menschen Ihrer Wahl teilen, erhöht das die Verbindlichkeit, dass Sie Ihr Versprechen auch einlösen.

Es gibt noch einen Punkt, den man bedenken sollte, wenn es um die wöchentlichen Versprechen geht: Kleine Schritte bringen uns häufig weiter als große Sprünge. Wenn Sie entscheiden, was Sie nächste Woche tun sollen, erwägen Sie, einen Gang herunterzuschalten. Entscheiden Sie sich lieber für etwas Kleines als etwas Großes.

Je größer Ihr Versprechen ist, umso größer ist das Risiko, dass Sie nicht in der Lage sein werden, es einzuhalten. Natürlich wird Sie niemand davon abhalten, mehr zu tun, als Sie versprochen haben! Halten Sie Ihre Versprechen klein, und Sie werden von sich selbst häufig positiv überrascht sein, wenn Sie darauf zurückblicken, welchen Fortschritt Sie gemacht haben. Sie werden sich vor Augen führen, dass Sie in der letzten Woche eigentlich viel mehr geschafft haben, als Sie vorgehabt hatten.

Wenn wir unser Ziel öffentlich gemacht haben, dann können uns unsere Helfer auf unserem Weg in vielfältiger Weise unterstützen, aber zusätzlich werden sie auch Interesse an unseren Fortschritten zeigen. Diese Anteilnahme ist sozusagen ein Bonus, der unsere Motivation erhöhen wird, das Notwendige zu tun, das wir brauchen, um unser Ziel zu erreichen. Gut geplant ist halb gewonnen – das ist richtig. Aber niemand erreicht sein Ziel nur durch Planen.

Schritt 10: Führen Sie ein Fortschrittstagebuch

»Wer sichere Schritte tun will, muss sie langsam tun.«
Johann Wolfgang von Goethe

Um Ihre Motivation aufrechtzuerhalten, müssen Sie sich immer wieder vor Augen führen: Wenn Sie vorangehen, dann stehen Sie nicht auf einer Rolltreppe, die Sie automatisch weiterbringt. Sie sind es, der Schritt für Schritt näher auf das Ziel zumarschiert. Halten Sie Ihre Erfolge schriftlich fest! Führen Sie ein Erfolgslogbuch. Das kann ein Tagebuch, ein Arbeitsbuch, Notizheft, Flipchart, ein Poster an der Wand oder eine Website sein. Einfach irgendetwas, wo Sie Anzeichen für Erfolge protokollieren. Ohne ein System für die ordentliche Dokumentation positiver Entwicklungen drohen die Anzeichen für Fortschritte unbemerkt zu bleiben. Oder aber sie werden bis zu dem Zeitpunkt, wo es eine Gelegenheit gäbe, darüber auch mit Ihren Helfern und Ihrem Netzwerk zu sprechen, schlichtweg vergessen.

Das Logbuch ist Ihr Zeuge

Wenn Sie ein Fortschrittstagebuch führen, achten und freuen Sie sich nicht mehr bloß darüber, was für Fortschritte Sie schon gemacht haben. Sondern Sie können so auch am leichtesten herausfinden, was Sie getan haben, um diesen Fortschritt zu erzielen, und warum das, was Sie getan haben, funktioniert hat.

Diese Analyse wird nicht nur ein Gefühl des Stolzes für die eigenen Aktionen und Anerkennung der Handlungen anderer erzeugen, sondern auch zu der Erkenntnis führen, was funktioniert und welche zukünftigen Maßnahmen man ergreifen kann, um den Fortschritt am Laufen zu halten.

Das Erfolgslogbuch erleichtert den Überblick, bietet Raum für Notizen, protokolliert den Verlauf Ihres Projektes, erinnert Sie an anstehende Aufgaben und ist quasi der Treibsatz, um am Ziel dranzubleiben und weiterzumachen.

Übung: Fortschritte beobachten

Diese Übung soll sicherstellen, dass Sie Ihre Aufmerksamkeit fortwährend auf die Dinge richten, die Sie zum Erreichen Ihres Ziels tun, und auf die kleineren und größeren Anzeichen eines Fortschritts. Dazu ist es notwendig, dass Sie in irgendeiner Form ein Tagebuch führen, um diese Fortschritte regelmäßig aufzuschreiben. Das Tagebuch kann eine beliebige Form haben, solange es einen Bericht über die Dinge, die Sie tun, und die beobachteten Veränderungen enthält: ein Zettel an der Wand, eine Datei auf Ihrem Computer, ein Notizblock oder vielleicht sogar ein Blog im Internet.

Wir empfehlen dringend, dass Sie die Informationen, die Sie in Ihrem Tagebuch sammeln, mit mindestens einer anderen Person teilen, möglicherweise mit einem Ihrer Helfer.

Wer vielleicht zuletzt in seiner Kindheit ein Tagebuch geführt hat oder auch sonst nicht besonders kreativ beim Schreiben ist, dem helfen sicher einige der folgenden Fragen bei den regelmäßigen Aufzeichnungen. Es sind die Fragen, die Ihnen auch Ihr Innerer Coach stellt:

- *Welche Anzeichen für einen Fortschritt hast du in der letzten Woche gesehen?*
- *Welche Highlights hast du in der letzten Woche gehabt?*
- *Was hast du selbst in der vergangenen Woche für dein Ziel unternommen?*

- *Was haben andere Menschen zu deiner Unterstützung getan?*
- *Wer hat deinen Fortschritt bemerkt? Welche Anzeichen für den Fortschritt haben die Betreffenden gesehen?*
- *Welche positiven Nebeneffekte auf andere Bereiche deines Lebens hatte dein Projekt?*
- *Was ist während der vergangenen Woche geschehen, das dir die Zuversicht gibt, dass du es schaffen kannst?*

Schritt 11: Bereiten Sie sich auf mögliche Rückschläge vor

»Ein Rückschlag hat oft die gleiche Wirkung wie der Rückstoß bei einer Rakete: Er ist der Antrieb nach vorn.«

Willy Meurer

Während Sie auf das Ziel hinarbeiten, wird Ihnen möglicherweise klar, dass die Dinge nicht immer so glattgehen, wie Sie es sich vorgestellt haben. Aus diesem Grund haben Sie in einer frühen Phase bereits überlegt, warum es für Sie nicht einfach sein wird, Ihr Ziel zu erreichen. Aber an diesem Punkt haben Sie vermutlich noch keine Strategien entwickelt, wie Sie mit solchen möglichen Schwierigkeiten umgehen werden.

> Rechnen Sie auf Ihrem Weg zum Ziel mit Phasen, in denen Sie das Gefühl haben, Sie kämen nur im Schneckentempo oder sogar überhaupt nicht mehr voran.

Auf dem Weg zu Ihrem Ziel werden Sie Enttäuschungen unterschiedlichster Art erleben. Bleiben Sie trotzdem ruhig und gelassen. Sie kennen doch sicher den Spruch: »Wenn das Leben dir Zitronen schenkt, mach Limonade draus.« Ein guter Plan B ist wertvoll. Damit Sie bei Rückschlägen nicht die Hoffnung verlieren, ist es wichtig, dass Sie innerlich darauf vorbereitet sind, auch damit zurechtzukommen. Coco Chanel, die legendäre Modeschöpferin, hat Ihre Lebensmaxime so formuliert: »Es sind nicht die Erfolge, aus denen man lernt, sondern die Fiaskos.«

Es muss ja nicht gleich ein Fiasko sein, aber wir alle wissen aus unserer Lebenserfahrung: Rückschläge lassen sich nicht in jedem Fall vermeiden. Rückschläge haben die unangenehme Eigenart, häufig überraschend aufzutreten. Es ist nicht möglich, einen Plan für jedes denkbare Hindernis, das einem auf dem Weg begegnen mag, in der Hinterhand zu haben. Es ist allerdings möglich, eine Haltung zu entwickeln, bei der man mögliche Rückschläge als etwas ansieht, das zu dem Prozess dazugehört. Entwickeln Sie eine allgemeine Vorstellung davon, wie Sie konstruktiv mit solchen Rückschlägen umgehen, ohne gleich die Hoffnung zu verlieren.

So wird aus einem Minus ein Plus

Mit Ihrem Inneren Coach lernen Sie, genau hinzusehen und zu verstehen, woran es gelegen haben kann, wenn etwas nicht so gelingt, wie Sie es sich ausgemalt haben. Fragen Sie sich, wie Sie auf lange Sicht auch einzelne Rückschläge zum Teil Ihrer ganz persönlichen Erfolgsgeschichte werden lassen.

Im lösungsorientierten Selbstcoaching kann sich die positive Grundstimmung durchaus zu einer Art Automatismus entwickelt. Das ist im Grunde etwas sehr Wünschenswertes. Aber: Wieder einmal Vorsicht! Das Risiko daran ist, dass Sie Ihre Vorbehalte und Zweifel über die Machbarkeit Ihres Projekts in den Hintergrund schicken. Diese rosa Brille ist ja etwas Schönes, dennoch sollten Sie klar vorausschauen, dass es auch Rückschläge und Enttäuschungen geben kann.

Üben Sie das im Dialog mit Ihrem Inneren Coach:

Es ist ein Mega-Projekt, das Dach von einem so großen alten Haus zu reparieren.

»Ja, das ist es.«

Aber dein Plan ist es, das Ding wasserdicht zu kriegen – wenn ich mich so ausdrücken darf.

»Ja, das muss sein. Und das Geld, das ich dafür angespart habe, sollte reichen – wenn wir nicht doch irgendwelche Firmen zusätzlich beschäftigen müssen.«

Mit was für Überraschungen rechnest du denn?

»Aus früheren Erfahrungen weiß ich, dass bei Projekten wie diesem alle möglichen Überraschungen passieren können.«

Das glaube ich auch. Vielleicht ist das das Typische bei allen Vorhaben.

»Nicht unbedingt. Manche Projekte sind sehr leicht, aber andere ziehen fast immer Probleme mit sich.«

Und dies hier könnte eines von denen sein, die Probleme anziehen?

»Ja, ich glaube schon.«

Mit welchen Problemen rechnest du?

»Keine Ahnung. Es ist immer wieder eine Überraschung.«

Zum Beispiel?

»Gut, mein Handwerker könnte zum Beispiel wieder mit dem Saufen anfangen. Dann betrinkt er sich hoffnungslos. Das ist schon einmal passiert.«

Ärgerlich.

»Ja, sicher.«

Gib es irgendeine Möglichkeit, das zu verhindern?

»Nicht wirklich.«

Wäre es schwierig, jemanden als Ersatz zu bekommen, wenn das wieder passiert?

»Ich könnte da was machen. Wenn ich auf dem Grundstück Alkohol absolut verbiete, nicht bloß Bier während der Arbeitszeit, dann könnte das helfen. Normalerweise habe ich auf der Baustelle immer ein paar Bier in Reserve. Also, ich könnte mich diesbezüglich wirklich umstellen, wenn es das ist, was nötig ist.«

> Rückschläge sollte man einkalkulieren, statt darauf zu hoffen, dass sie nie geschehen werden.

Wenn der Fortschritt ausbleibt

Eine der häufigsten Frustrationen bei dem Versuch, Ziele zu erreichen, besteht darin, dass man das Gefühl hat, auf der Stelle zu treten und keine Fortschritte zu machen. Man hat sein Projekt begonnen und zunächst machte es den Eindruck, als würden sich die Dinge in die richtige Richtung entwickeln. Nach einer Weile stellt sich heraus, dass sich der Fortschritt verlangsamt hat und dass die eigene Motivation schwächer wird. Das ist der Moment zum Innehalten und Nachsinnen, ob es vielleicht nötig ist, etwas zu überdenken oder zu revidieren.

Die folgenden vier Fragen können in solchen Situationen hilfreich sein.

1. Sollten Sie Ihr Ziel überdenken?

Sind Sie sicher, dass das Ziel, das Sie ausgewählt haben, wirklich das ist, das Sie erreichen möchten? Oder gibt es vielleicht etwas, das Ihnen wichtiger erscheint – etwas, in das Sie Ihre Zeit und Energie lieber stecken würden? Manchmal treffen Menschen eine Entscheidung, an einem bestimmten Ziel zu arbeiten, aber wenn sie darangehen, die 12 Schritte im lösungsorientierten Selbstcoaching zu gehen, wird ihnen nach und nach klar, dass es nicht genau das ist, was sie beabsichtigt haben, sondern dass sie eigentlich etwas anderes wollen. In diesen Situationen kann es von Vorteil sein, das Ziel durch ein anderes zu ersetzen.

2. Tun Sie die richtigen Dinge?

Wenn Sie sicher sind, dass Sie Ihr Ziel richtig gewählt haben, sollten Sie sich fragen, ob Ihre Vorgehensweise funktioniert. Was haben Sie bisher unternommen, damit sich die Dinge in die richtige Richtung entwickeln? War das hilfreich? Sollten Sie vielleicht etwas anderes probieren? Was würden Ihre Helfer sagen? Haben diese vielleicht gute Vorschläge, was Sie sonst noch ausprobieren könnten, um voranzukommen? Frei nach dem Motto: *Wenn es nicht funktioniert, probier was anderes.*

3. Brauchen Sie noch mehr Ressourcen?

Angenommen, Ihr Ziel ist richtig gewählt und Sie tun die richtigen Dinge, um voranzukommen, so kann es sein, dass Ihnen die Ressourcen fehlen. Müssen Sie Ihre Helfer dazu bringen, sich mehr zu beteiligen, oder müssen Sie zusätzliche Helfer rekrutieren? Brauchen Sie mehr Informationen, mehr Kontakte? Wenn es Ihnen an Ressourcen fehlt, finden Sie heraus, was Sie benötigen, und entwerfen Sie einen Plan, wie Sie es bekommen können.

4. Sind Sie einfach nur ungeduldig?

Zu guter Letzt: Wer das Gefühl hat, dass der Fortschritt ausbleibt, sollte die Möglichkeit erwägen, dass die Dinge sich eigentlich gut entwickeln und sie sogar im richtigen Tempo voranschreiten. Rührt die Frustration vielleicht nur daher, dass man ungeduldig oder allzu ehrgeizig ist? Wenn dies der Fall ist, sollte man sich auf eine orientalische Weisheit besinnen: *Man muss den Fluss nicht anschieben, er fließt von allein.*

Übung: Sich auf Rückschläge vorbereiten

Die Dinge sind ins Rollen gekommen, Sie haben Ihr Versprechen abgegeben und Sie haben sich darauf vorbereitet, Ihren Fortschritt engmaschig und regelmäßig zu kontrollieren und zu überwachen.

Es gibt aber noch etwas anderes, das Sie tun sollten, bevor Sie darangehen, Ihre Mission zu erfüllen. Sie sollten sich darauf vorbereiten, dass Sie auf Ihrem Weg Rückschläge oder Frustrationen erleiden können. Die Dinge laufen nicht immer ganz so glatt, wie Sie es sich vielleicht vorgestellt haben, als Sie eine Vision des künftigen Fortschritts entwickelt haben. Unterschiedlichste Formen von Komplikationen können sich Ihnen in den Weg stellen.

Nehmen Sie sich einen Moment Zeit, um darüber nachzudenken, welche spezifischen Hindernisse auf Ihrem Weg auftreten könnten. Es kann alles sein vom Einfangen einer lästigen Erkältung bis zu einer wichtigen Veränderung in der Gesetzgebung oder von der mangelnden Zeit, das Versprechen einzuhalten, bis hin zu einer Umstrukturierung der Organisation, in der Sie arbeiten. Sie sind der Einzige, der begründete Vorhersagen zu möglichen Enttäuschungen auf Ihrem Weg machen kann.

Wenn Sie eine Liste wahrscheinlicher Rückschläge erstellt haben, entwickeln Sie einen Plan, wie Sie mit diesen Situationen gut zurechtkommen können, ohne Ihre Hoffnung oder Motivation zu verlieren. Ihre Pläne müssen nicht notwendigerweise detaillierte Strategien der genauen nötigen Maßnahmen sein. Es reicht, wenn Sie ein Bewusstsein für die Möglichkeit solcher Ereignisse entwickeln und eine allgemeine innere Haltung der Bereitschaft erreichen, positiv mit ihnen umzugehen.

Schritt 12: Feiern Sie Ihren Erfolg

Wenn Sie Ihr Ziel erreicht oder einen ausreichend großen Fortschritt gemacht haben, sodass Sie das Gefühl haben, Ihr Projekt beenden zu können, ist es Zeit zum Feiern. Mit dem Wort »Feiern« meinen wir hier, dass Sie ein Resümee über Ihren Fortschritt ziehen, anerkennen, welche Dinge Sie zum Erreichen Ihres Ziels getan haben, und all den Personen danken, die in irgendeiner Weise zu Ihrem Erfolg beigetragen haben. Tun Sie sich und anderen diesen Gefallen. Ein kleiner Nebeneffekt: Menschen, denen man Gutes tut, die kann man gleich besser leiden.

Im Lösungsorientierten Selbstcoaching sollten Sie schon früh Ihren Inneren Coach dazu befragen:

Wenn du dein Ziel erreicht hast und dein erster Roman in den Buchhandlungen steht, wie willst du das dann feiern?

»Ich mache eine Riesen-Party.«

Das ist eine wunderbare Idee. Wen wirst du einladen?

»Alle sind mir willkommen.«

Du meinst jetzt aber nicht: »Hereinspaziert, egal wer es ist, Freibier für alle, mein Buch ist gedruckt!«

»Nein, natürlich nicht. Ich würde gerne all die einladen, die mir dabei geholfen haben, meinen Traum Wirklichkeit werden zu lassen.«

Und wer ist das alles?

»Meine Familie.«

Sicher.

»Auch meine Chefin – sie war damit einverstanden, dass ich ein halbes Jahr unbezahlten Urlaub nehme, damit ich mich aufs Schreiben konzentrieren konnte.«

Das war großzügig. Gehen wir weiter. Wer gehört noch auf die Unterstützerliste?

»Meine Lektorin Beate, sie arbeitet als freie Mitarbeiterin für den Verlag.«

Das werden schon einige Leute.

»Ich werde auch meine Eltern einladen. Sie waren von dem Buch-Plan zwar nicht begeistert, aber ich bin sicher, dass sie superstolz sind, wenn es dann erscheint.«

Wenn du von einer Party sprichst, was schwebt dir vor? Über was für eine Art Feier reden wir?

»Ich würde gerne einen Ort aussuchen, wo man in Ruhe miteinander reden kann. Also besser nicht draußen, sondern irgendwo drinnen, wo weniger Hintergrundgeräusche sind.«

Wieso?

»Ich möchte gerne, dass sich die Leute kennenlernen. Ich möchte mit ihnen reden und ihnen für die Unterstützung danken. Ohne ihre Hilfe hätte ich diese Mission nie erfüllt. Auch meine Eltern, die so skeptisch waren, haben mich auf ihre ganz eigene Art unterstützt. Sie haben es verdient, das auch gesagt zu bekommen.«

Die Funktion einer Feier ist nicht nur die, dass Sie sich über das Erreichte freuen sollen. Es geht noch mehr darum, die positive Veränderung zu festigen und ein Bewusstsein dafür zu schaffen, durch welche Maßnahmen Sie etwas erreicht haben. Zudem sollen die Nachrichten über die Veränderung in Ihrem sozialen Netzwerk, in Ihrer Familie, bei Ihren Freunden, bei Arbeitskollegen verbreitet werden, um so die fortdauernde Unterstützung durch andere sicherzustellen.

Positiven Wandel festigen

Es ist oft einfacher, Projekte zu beginnen, als sie zu Ende zu bringen. Die österreichische Schriftstellerin von Ebner-Eschenbach hat es sehr schön zusammengefasst: »Am Ziel deiner Wünsche wirst du jedenfalls eines vermissen: dein Wandern zum Ziel.«

Daher ist es nicht ungewöhnlich, dass Leute mit einem Projekt nach dem anderen anfangen, wobei jedes eine Ewigkeit dauern kann. Beim lösungsorientierten Selbstcoaching gehören das Feiern und der Dank zur Methode. Es ist einer der 12 Schritte. Hierbei ernten Sie die Früchte Ihres Erfolgs. Sie können stolz verkünden, dass Sie das Ziel erreicht und die Mission erfüllt haben. Ein solcher Feiertag ist eine Atempause der Seele. Genießen Sie es, verwöhnen Sie sich!

Sehen Sie es als Ihre Gelegenheit, bei der Sie stolz auf das Erreichte sein können und bei der Sie die Energie, die Sie bisher in das Erreichen Ihres Ziels gesteckt haben, nun auf etwas anderes umlenken können.

Sortieren Sie Ihr Erfolgswerkzeug

Eine der Schlüsselfragen Ihres Inneren Coachs in der Feierphase ist: »Was hast du getan, um bis zu diesem Punkt zu kommen?« Machen Sie sich bewusst, was Sie alles getan haben, um dahin zu gelangen, wo Sie jetzt stehen. Gehen Sie ruhig noch ein bisschen in die Tiefe:

- *Was habe ich noch getan?*
- *Wie bin ich darauf gekommen?*

- *Woher hatte ich die Idee?*
- *Wie habe ich es hingekriegt, dass es funktioniert?*

Es ist richtig, dass wir eine Menge aus unseren Fehlern lernen können, aber wahrscheinlich lernen wir sogar noch mehr aus unseren Erfolgen.

Erfolgsnachrichten verbreiten

Wenn Sie im Verlauf des lösungsorientierten Selbstcoachings Ihr Ziel erreicht haben, ist das jetzt die Gelegenheit, einen Plan dafür zu entwerfen, wie Sie wichtige andere Personen darüber informieren, welchen Fortschritt Sie gemacht haben. Ihr Innerer Coach wird Sie fragen:

- *Wer soll von der positiven Veränderung erfahren?*
- *Warum ist es wichtig, dass diese Personen davon erfahren?*
- *Und wie willst du sie informieren?*

In vielen Fällen gibt es gute Gründe dafür, die Nachricht über eine positive Veränderung zu verbreiten. Falls Ihr Ziel z. B. darin besteht zu lernen, besser Stellung zu beziehen und Nein zu sagen, wenn es notwendig ist, dann ist es für Sie zwar wichtig, diese Fähigkeit zu erlernen. Aber es mag von ebenso großer Relevanz für Sie sein, dass andere – vielleicht Arbeitskollegen oder Familienmitglieder – von dieser Veränderung erfahren und sie anerkennen.

> Veränderung bedeutet in den meisten Fällen nicht nur, sich selbst zu ändern, sondern auch, seine Beziehung zum Rest der Welt zu verändern.

Die Reaktion der anderen

Es kann durchaus eine heikle Angelegenheit sein, Nachrichten über positive Veränderungen zu verbreiten. Sie können nicht davon ausgehen, dass die Meldung über Ihre positive Entwicklung immer mit Begeisterung und uneingeschränkter Hochachtung aufgenommen wird. In der Realität können Nachrichten, die aus Ihrer Perspektive zu begrüßen sind, aus dem Blickwinkel eines anderen Menschen vielleicht eher schlechte Nachrichten sein.

Stellen Sie sich eine Situation vor, in der sich zwei Menschen abmühen, ihr Gewicht zu reduzieren. Person A berichtet Person B freudig, dass sie erfolgreich am Ziel angelangt ist und es geschafft hat, das angestrebte Gewicht zu erreichen. Wenn Person B es überhaupt nicht geschafft hat abzunehmen oder vielleicht sogar noch ein paar Kilo zugenommen hat, ist die gute Nachricht von Person A in gewisser Weise eine schlechte Nachricht für Person B. Auch wenn B sich für A freut, kann er wahrscheinlich nicht umhin, sich schlecht zu fühlen, da die Nachricht über den Erfolg von A ihm schmerzlich vor Augen führt, dass er selbst mit der angestrebten Gewichtsabnahme gescheitert ist.

Gute Nachrichten bergen also das Risiko, zu schlechten Nachrichten zu werden, wann immer die Gefahr besteht, dass die benachrichtigte Person sich kritisiert fühlt.

So stärkt die gute Nachricht Ihr Netzwerk

Bei guten Nachrichten – also Informationen über Fortschritte oder positive Veränderungen – besteht immer das Risiko, dass der Empfänger die Nachrichten als indirekten Vorwurf wahrnimmt. Stellen Sie sich z. B. einen Ehemann vor, der von einer langen Reise nach Hause kommt und seine Frau fragt, wie es ihr mit den Kindern ergangen ist, während er weg war:

EHEMANN: »Wie lief es mit den Kindern, während ich weg war, Liebling?«

EHEFRAU: »Och, es ging gut. Ziemlich gut sogar. Eigentlich haben wir keins der Probleme gehabt, die wir haben, wenn du da bist!«

Die indirekte Anschuldigung lässt sich vermeiden, wenn man dem Empfänger einfach einen Teil des Verdienstes für die guten Nachrichten anbietet. Stellen Sie sich vor, wie anders sich die Situation in unserem Beispiel darstellen würde, wenn der Dialog so ablaufen würde:

EHEMANN: »Wie lief es mit den Kindern, während ich weg war, Liebling?«

EHEFRAU: »Och, es ging gut. Sehr gut sogar. Sie haben sich während der ganzen Zeit sehr gut benommen. Ich glaube, es war wichtig, dass du jeden Tag mit ihnen telefoniert hast.«

Nachrichten über einen Fortschritt zu verbreiten wird viel einfacher, wenn Sie es in einer gemeinschaftlichen Art tun können, indem Sie einen Teil des Verdienstes für die positive Veränderung mit den Menschen teilen, die Sie über Ihren Fortschritt informieren möchten. Auch wenn Sie nicht direkt eine Reihe von Leuten als Helfer rekrutieren, spielen andere Menschen oft eine wichtige Rolle und tragen in irgendeiner Art und Weise zu Ihrem Erfolg bei. Wenn man die Nachrichten über den Fortschritt mit einer Anerkennung der Rolle anderer kombiniert und großzügig damit umgeht, seine Anerkennung für deren Beitrag zu zeigen, hat das eine Reihe von positiven Effekten. Es legitimiert Ihre Verbreitung der Erfolgsnachrichten, es zerstreut potenziellen Neid und stärkt die Kooperation zwischen Ihnen und den Menschen, denen Sie Anerkennung für deren Beitrag zu Ihrem Fortschritt zollen.

Teilen Sie die Anerkennung mit anderen!

Den Erfolg fortlaufend feiern

Es stimmt natürlich, dass die Idee des Feierns am besten an das Ende eines Projekts passt, aber, wie Sie sich vielleicht schon gedacht haben, ist der Stolz auf die eigenen Errungenschaften und das Anerkennen der anderen für ihren Beitrag nicht etwas, das zwingend bis zum Abschluss des Projekts warten muss. Es kann auch als eine Haltung angesehen werden, eine grundlegende Einstellung, die den gesamten Prozess im lösungsorientierten Selbstcoaching durchdringt. Übernehmen Sie die Idee einer Feier als leitendes Prinzip in Ihren Alltag mit Menschen. Sehen Sie es nicht als etwas an, das nur am Ende eines erfolgreichen Projekts geschieht, sondern als etwas, das jeden einzelnen Schritt Ihrer Arbeit bereichert. Wir möchten Sie dazu ermutigen, stolz auf das Erreichte und großzügig zu sein, wenn es darum geht, den Beitrag der anderen anzuerkennen.

Übung: Das Projekt abschließen

Wenn Sie das Gefühl haben, dass Ihr Ziel erreicht ist, oder wenn Sie zufrieden mit dem bisher gemachten Fortschritt sind, ist die Zeit gekommen, das Projekt zu beenden und zu etwas anderem überzugehen. Es ist wichtig, dass Sie Ihr Projekt richtig abschließen. Das richtige Beenden des Projekts wird sicherstellen, dass Ihre Veränderungen auch fortdauern, dass nicht nur Sie selbst, sondern auch Ihr Ruf sich ändern wird und dass Sie auch weiterhin Unterstützung von anderen Menschen bekommen werden.

Nehmen Sie sich etwas Zeit, Ihren Fortschritt genauer zu beleuchten. Schauen Sie in Ihr Tagebuch und zählen Sie all die Dinge auf, die Sie getan haben, all die Veränderungen, die stattgefunden haben, all die Höhepunkte während Ihres Projekts und all die Beobachtungen von Fortschritten und Nachwirkungen, die Sie während der Arbeit an Ihrem Ziel gemacht haben.

Stellen Sie sich nun die folgenden Fragen:

- *Was haben Sie getan, um dies geschehen zu lassen?*
- *Was haben Sie getan, auf das Sie stolz sein können?*
- *Was schätzen andere an der Art, wie Sie auf Ihr Ziel hingearbeitet haben?*

Seien Sie nicht bescheiden. Stolz auf Ihre Leistungen zu sein, ist ein wichtiger Bestandteil dessen, Ziele zu erreichen. Stolz zu sein hilft Ihnen, sich der speziellen Dinge bewusst zu werden, die Sie getan haben, um den Fortschritt zu erzielen, und die Sie in der Folgezeit tun müssen, wenn Sie in Zukunft ähnlichen Herausforderungen gegenüberstehen.

Es gibt spezifische Dinge, die Sie für Ihr Ziel unternommen haben. Aber Sie sollen nicht die anderen Menschen vergessen, insbesondere Ihre Helfer. Sie werden auf irgendeine Weise zu Ihrem Erfolg beigetragen haben. Vielleicht haben sie Ihnen mit Ideen oder Vorschlägen geholfen, oder sie haben Sie in irgendeiner anderen Form unterstützt. Manchmal haben Ihnen andere Menschen vielleicht sogar ganz unbeabsichtigt geholfen, indem sie etwas gesagt haben, das Sie dazu angestachelt hat, die anderen vom Gegenteil zu überzeugen. Vielleicht haben sie auch zufällig etwas getan, das sich als hilfreich für Sie erwiesen hat. Denken Sie über die Menschen in Ihrem sozialen Umfeld nach und überlegen Sie, wie sie zu Ihrem Erfolg beigetragen haben.

Zum Schluss denken Sie darüber nach, in welcher Form Sie diese Menschen über Ihren Erfolg informieren wollen und sie wissen lassen, welche Rolle sie dabei gespielt haben.

Wenn Sie Ihr Ziel erreicht haben, gibt es viele Möglichkeiten, wie Sie Ihre Helfer würdigen können. Sie können Sie zu einem guten Essen einladen, Sie können ihnen einen Kuchen backen, Sie können ihnen eine E-Mail schicken, Sie können einen Bericht über Ihr Projekt schreiben und darin alle am Erfolg beteiligten

Helfer würdigen oder Sie danken Ihren Helfern, indem Sie sie überraschend besuchen.

Die meisten Menschen, die das lösungsorientierte Selbstcoaching schon angewendet haben und damit ihr Leben verbessern konnten, haben sich ganz einfach in offenen und von Herzen kommenden Worten bei ihren Unterstützern für ihre Hilfe und ihre Ratschläge bedankt.

Die Feier und der Dank – vermutlich macht keiner der 12 Schritte im Prozess des lösungsorientierten Selbstcoachings so viel Freude wie dieser. Das Danken ist die abschließende Etappe in diesem Prozess, aber das heißt nicht, dass Sie damit bis ganz zum Schluss warten müssen. In den meisten Fällen können Sie den Helfern Ihre Dankbarkeit mehrfach und immer wieder schon unterwegs auf dem Weg hin zu Ihrem Ziel zeigen.

Wir wünschen Ihnen: Viel Spaß dabei!

Häufig gestellte Fragen

Wenn Sie sich zum ersten Mal mit dem lösungsorientierten Selbstcoaching auf den Weg machen, sind Sie sicher schnell begeistert davon, wie leicht Sie an Ihr Ziel kommen können. Vor dem Start und auch noch auf dem Weg gibt es aber – wie bei fast allem Neuen – oft tausend Wenn und Aber, die uns durch den Kopf gehen. Es sind Fragen, die vielen Menschen auf dem Herzen liegen, bevor sie bereit sind, mit dieser Methode tatsächlich zu starten. Wir haben versucht, Ihnen im Folgenden einige Antworten zu geben. (Die Fragen stellte Rolf Reinlaßöder, die Antworten stammen von Ben Furman.)

Wie lange dauert es, bis ich mit dem lösungsorientierten Selbstcoaching mein Ziel erreicht habe?

Das lösungsorientierte Selbstcoaching ist ein Schritt-für-Schritt-Programm für Persönlichkeitsentwicklung und Veränderungsprozesse. Es wurde nicht dazu entwickelt, die Dinge zu beschleunigen, also bestimmte Ziele so schnell wie möglich zu erreichen. Stattdessen soll es dazu dienen, dass man den Prozess der Zielsetzung und die Arbeit am Erreichen der Ziele genießen kann. Es ist ein Leitfaden, der einem hilft,

- sich bewusst zu machen, was man wirklich will,
- die Motivation aufzubauen, die man zum Erreichen seines Ziels benötigt, und
- wichtige Bezugspersonen dazu zu bringen, einen bei diesem Vorhaben zu unterstützen.

Mithilfe dieser Methode werden Sie Veränderungen allerdings wahrscheinlich früher herbeiführen können als ohne. Das ist jedoch nur als angenehmer Nebeneffekt anzusehen und nicht der eigentliche Zweck dieser Methode.

Kann ich mein Ziel noch ändern, wenn ich merke, dass ich es nicht erreiche?

Das lösungsorientierte Selbstcoaching mit seinen einzelnen Schritten wird Ihnen helfen, sich dessen bewusst zu werden, was Sie wirklich wollen. Es ist nicht ungewöhnlich, dass sich Leute bestimmte Ziele setzen und dann kurz darauf herausfinden, dass es etwas anderes gibt, das sie eigentlich noch erstrebenswerter finden. Meine Lieblingsgeschichte dazu ist die von einer übergewichtigen Frau, deren Ziel es war abzunehmen – das sagte sie zumindest. Da sie sich aber für dieses Ziel offensichtlich nicht allzu sehr begeistern konnte, fragte ihr Coach sie, ob es vielleicht noch etwas anderes gäbe, das sie noch lieber erreichen würde, als abzunehmen. Sie wurde rot und sagte, dass es tatsächlich etwas gäbe, das ihr noch wichtiger sei. »Und was ist das?«, fragte der Coach neugierig. »Ich hätte gerne einen Partner«, sagte die Frau peinlich berührt. »Aha«, sagte der Coach und lächelte, »warum haben Sie mir das denn nicht gleich gesagt? Ich kann Klienten viel besser darin coachen, einen Partner zu gewinnen, als Gewicht zu verlieren.« Die Klientin änderte also ihren Vorsatz und hatte innerhalb von drei Monaten tatsächlich einen Freund. Dieser war noch übergewichtiger als sie, und da sein Arzt ihn gewarnt hatte, dass sein Übergewicht ihn das Leben kosten könne, gingen die beiden mit vereinten Kräften daran abzunehmen. Manchmal muss man erst ein bestimmtes Ziel in Angriff nehmen, um dann herauszufinden, dass dieses Ziel entweder unrealistisch ist oder einfach nicht genau dem entspricht, was man eigentlich erreichen möchte.

Was soll ich tun, wenn es mir zu mühsam wird, mein Ziel weiterzuverfolgen?

Das lösungsorientierte Selbstcoaching zielt darauf ab, dass Ihnen das Erreichen von Zielen Spaß machen soll, und nicht etwa, dass es Sie stressen oder belasten soll. Es versteht sich von selbst, dass man einige Mühe aufbringen muss, um ein Ziel zu erreichen, aber wenn Sie diesen Prozess genießen können, wird es Sie nicht auslaugen. Sie werden Ihre Akkus dabei stärker aufladen als sie zu entleeren. Wenn Sie spüren, dass das Erreichen Ihres Ziels zu mühsam wird, sollten Sie sich die einzelnen Schritte noch einmal vor Augen führen:

- Ist das Ziel, das Sie sich gesetzt haben, wirklich das, was Sie wollen?
- Ist es etwas, was zur Verwirklichung Ihrer Träume beiträgt?
- Sorgen Sie dafür, dass es einen Zusammenhang zwischen Ihren Zukunftsträumen und dem Ziel gibt.
- Wie steht es mit Helfern? Haben Sie Helfer? Es kann anstrengend sein, ganz alleine an seinen Zielen zu arbeiten. Die meisten Menschen brauchen die Unterstützung, Hilfe und Ermutigung durch andere. Haben Sie Helfer gefunden?
- Haben Sie herausgefunden, in welcher Form diese Ihnen helfen können?
- Sehen Sie zu, dass Sie sich nicht ganz alleine in das anstrengende Unternehmen stürzen.
- Suchen Sie andere Leute, die bereit sind, Ihnen zu helfen, und schauen Sie, ob Sie vielleicht diese Leute im Austausch beim Erreichen ihrer Ziele unterstützen können.
- Achten Sie darauf, ob Sie Fortschritte machen? Haben Sie jemanden, dem Sie von Ihren täglichen – auch noch so unbedeutend erscheinenden – kleinen Erfolgen erzählen können? Sie sollten immer wieder kleine Erfolge erzielen können und mindestens eine Person haben, mit der Sie diese Erfahrung teilen können. Und Sie sollten immer wieder ein Erfolgserlebnis haben – denn das ist für die Motivation wahrscheinlich der wichtigste Faktor.

Wie lange dauert es, bis ich ein Ziel erreicht habe – kann das Jahre dauern?

Der zeitliche Rahmen für Ihr Projekt kann sehr stark schwanken. Wenn Sie zum Beispiel gerade beginnen, Klavierspielen zu lernen, und Ihr Ziel darin besteht, Schuberts Klaviersonate in A-Dur op. 120 öffentlich vorzuspielen, sollten Sie mindestens mehrere Jahre einplanen (auch wenn Sie sehr begabt sind), aber wenn Sie sich dagegen das Ziel gesetzt haben, sechs oder sieben gängige Akkorde auf der Gitarre zu beherrschen, um am Lagerfeuer ein paar Lieder zu begleiten, dürfte Ihnen das schon in wenigen Monaten, wenn nicht gar Wochen, gelingen.

Ich habe einmal einen Workshop geleitet, in dem es darum ging, diese Methode zu unterrichten. Eine der Gruppen war noch bei der Arbeit, während die anderen schon fertig waren. »Sind Sie fertig?«, fragte ich. Die Antwort war schlichtweg: »Nein.« »Wie lange werden Sie noch brauchen?«, fragte ich weiter. »Es dauert so lange, wie es eben dauert«, antworteten sie. Ich habe diese Worte jetzt noch im Ohr. Sie hatten Spaß an der Arbeit und sagten einfach: »Es dauert so lange, wie es eben dauert.« Das sagt doch alles. Wenn Ihnen das, was Sie tun, Spaß macht, wenn Sie also sozusagen richtig in Fahrt sind, vergessen Sie die Zeit. Es geht Ihnen dann wie dem Zen-Meister, der seinem Schüler beibringt: »Du kannst den Fluss nicht anschieben, damit er schneller fließt.«

Wie viel Zeit brauche ich für jeden einzelnen Schritt im Prozess des lösungsorientierten Selbstcoachings?

Als wir dieses Arbeitsmodell entwickelt haben, haben wir zunächst bestimmte Zeitrahmen vorgeschlagen – für diesen Schritt eine halbe Stunde, für den nächsten 10 Minuten, für den nächsten eine Stunde … Aber solche Zeitangaben haben wir uns sehr schnell wieder abgewöhnt, und zwar aus dem einfachen Grund, dass es immer auf die jeweilige Situation ankommt. Einige Leute haben ihre Träume so klar vor Augen, dass sie einem in wenigen

Minuten darlegen können, wie sie sich ihr Leben in der Zukunft vorstellen. Andere haben nur eine ungefähre Vorstellung von ihrer Zukunft, und es kann Stunden, Tage oder Wochen dauern, überhaupt herauszufinden, worin ihre Werte und Lebensziele bestehen. So kann z. B. der eine einem vielleicht in wenigen Minuten beantworten, welche Menschen er um Mithilfe bitten möchte, während ein anderer möglicherweise tagelang überlegen muss, wer ihn beim Erreichen der Ziele eventuell unterstützen könnte. Jeder Schritt ist für jeden einzelnen Menschen unterschiedlich. Wenn Sie Ihr Ziel erreicht haben, kann es z. B. auch sein, dass Sie dies mit allen Helfern in Form einer großen, aufwendigen Party feiern möchten, die Sie lange vorbereiten. Oder Sie schicken den anderen lieber nur eine kurze E-Mail, in der Sie sich bei allen für ihre Unterstützung bedanken. Die Schritte bleiben immer gleich, aber die Zeit und die Mühe, die man für jeden Schritt benötigt, schwanken von Person zu Person, und sind abhängig von der Situation und der Art des Ziels, das man anstrebt.

Was sind die Fehler, die am häufigsten gemacht werden?

Nach meiner Erfahrung ist das größte Problem die Eile, also der Versuch, zum nächsten Schritt überzugehen, bevor der vorherige Schritt ordentlich abgeschlossen ist. Ich habe unseren Ansatz einmal den Managern einer großen Telefon-Firma vermittelt. Ich habe den Teilnehmern des Workshops ein Formular gegeben, auf dem einige der Schlüsselfragen unserer Methode standen, und habe sie gebeten, sich zu zweit zusammenzutun, sich einen gemütlichen Sitzplatz zu suchen und sich anhand der Fragen auf dem Formular gegenseitig zu interviewen. Die Teilnehmer verteilten sich im Gebäude, und ich lief herum für den Fall, dass jemand irgendeine Hilfestellung benötigte. Fünf Minuten nach dem Beginn der Übung lief ich an zwei Männern vorbei, die im Garten saßen und sich unterhielten, während die Fragebögen auf dem Tisch neben ihnen lagen. »Sie machen ja gar nicht die Übung«, sagte ich, »gefällt sie Ihnen nicht?« »Nein, nein«, antworteten sie, »wir sind schon fertig!« Sie hatten sehr effizient gearbeitet. Mir wurde bewusst, dass ich vergessen hatte zu erwähnen: »Nehmen Sie sich für jede Frage ausreichend Zeit. Wenn Sie eine Antwort auf die Frage gefunden haben, fragen Sie weiter nach, z. B.: »Welche anderen Vorzüge fallen Ihnen noch ein?« oder »Wer könnte Ihnen sonst noch beim Erreichen Ihres Ziels helfen?« oder »Was haben Sie bisher sonst noch unternommen, dass Sie bis zu diesem Punkt gekommen sind?«

Warum muss ein Ziel so genau definiert werden?

Ich glaube, dass Veränderungsprozesse häufig damit beginnen, dass wir uns bewusst machen, was wir nicht wollen: Über dies und jenes bin ich nicht glücklich, damit bin ich nicht zufrieden, das und das mag ich nicht … Wenn wir uns klarmachen, was wir nicht wollen, können wir anfangen, darüber nachzudenken, was wir denn stattdessen wollen. »Sie sind also mit Ihrer Ehe so, wie sie jetzt ist, nicht zufrieden. Das habe ich verstanden. Wie stellen Sie sich Ihre Ehe stattdessen vor?« »Ihre Arbeit gefällt Ihnen also nicht. Ich verstehe. Wie würden Sie sich Ihre Arbeit stattdessen wünschen?« Die »Was möchten Sie denn stattdessen?«-Fragen verwandeln die bestehende Unzufriedenheit in einen Wunsch: »Ich möchte in meiner Ehe mehr Spaß haben« oder »Ich wünsche mir bei der Arbeit mehr Herausforderungen«. Die Unzufriedenheit hat sich in einen Wunsch verwandelt, aber der Wunsch ist oft sehr unbestimmt und abstrakt und daher schwer zu verwirklichen. Der nächste Schritt besteht darin, den abstrakten oder undeutlich formulierten Wunsch in spezifische Ziele zu zerlegen, deren Verwirklichung möglich ist.

Wenn Ihr Ziel sehr abstrakt ist, z. B. dass Sie glücklich sein möchten, dürfte es Ihnen nicht allzu leicht fallen, es zu erreichen. Denn Sie wissen schlichtweg gar nicht, wo Sie anfangen sollen. Aber wenn Sie das Ziel in kleinere, konkretere Ziele zerlegen, werden Sie eher erkennen können, wie Sie diese in Angriff nehmen können. Die Frage lautet: »Was müssen Sie verändern bzw. was müssen Sie lernen, um glücklich zu sein?« Sie müssen das abstrakte Ziel in kleinere bzw. konkretere Ziele aufspalten wie z. B. »Ich brauche mehr Zeit für meine Kinder« oder »Ich muss wieder anfangen, Fußball zu spielen«. Kleinere Ziele lassen sich einfach leichter verwirklichen als große.

Warum ist es so wichtig, in kleinen Schritten zum Ziel zu gehen?

Um Ziele zu erreichen, brauchen wir Motivation. Die Motivation hängt nicht nur davon ab, wie interessant das Ziel für uns ist (»Das ist es, was ich mir für mein Leben am allermeisten wünsche«), sondern auch davon, wie fest wir daran glauben, dass wir dieses Ziel auch tatsächlich erreichen können, wie optimistisch wir also im Hinblick auf den Erfolg sind. Es gibt ein paar konkrete Dinge, die wir tun können, um den Optimismus zu fördern, und eines davon lautet, den bevorstehenden Erfolg als stufenförmigen Prozess anzusehen, in dem es eher kleine, bewältigbare Schritte gibt als einen Riesensprung, der über Nacht geschehen soll. Es ist hilfreich, wenn man sich klarmacht, dass es keine Eile gibt und dass die Veränderung nach und nach, also Schritt für Schritt stattfinden wird.

Warum ist es so wichtig, dass man seinen Helfern dankt?

Es ist einfach deshalb wichtig, weil sie es verdient haben und es ihnen viel bedeutet. Wenn man den Helfern dankt, sind sie zusätzlich auch eher dazu bereit, Sie in der Zukunft wieder zu unterstützen. Vielleicht trauen sich Ihre Helfer dann auch, umgekehrt Sie um Unterstützung zu fragen, falls sie selbst mal an einem Ziel arbeiten, um ihr eigenes Leben zu verbessern.

Wenn Sie Ihre Helfer würdigen, dann werden Sie auch das ursprüngliche Gefühl von Dankbarkeit erleben. Den Unterstützern zu danken ist nicht nur sehr motivierend, sondern auch noch eine der besten Quellen, um ringsherum Zufriedenheit zu verbreiten.

Muss ich wirklich zwischen Träumen und Zielen unterscheiden? Was ist der Unterschied?

Ich finde es gut, wenn man genau zwischen Träumen und Zielen unterscheidet. Träume können unbestimmt, vage definiert und unrealistisch sein. Ziele verfolgen wir, um unsere Träume bzw. Visionen wahr werden zu lassen. Daher müssen sie realistisch sein, man muss also an ihnen arbeiten und sie erreichen können. Ein junger Mann kann z. B. davon träumen, ein berühmter Rock-Gitarrist zu werden. Auch wenn dieser Traum vielleicht unrealistisch ist, stellt er für ihn doch die treibende Kraft dar! Er verschafft ihm die Motivation, die nötigen Dinge zu tun, um seinen Traum wahr werden zu lassen. Sein Traum ist sozusagen ein Sprungbrett, das ihm hilft, sein Leben zum Besseren zu verändern, und auf seinem Erfolgsweg wird es noch zahlreiche Gelegenheiten geben, diesen Traum zu modifizieren. Statt des Versuchs, den jungen Mann davon zu überzeugen, dass er nicht das nötige Talent für einen berühmten Rock-Gitarristen hat, legt ihm die Methode des lösungsorientierten Selbstcoachings nahe, von seinem Traum zu profitieren, ihn als treibende Kraft zu nutzen und sich selbst zu fragen: »Was muss ich lernen, um ein berühmter Rock-Gitarrist zu werden? Was muss ich dazu tun? Was ist der allererste Schritt, den ich unternehmen muss, um mich in diese Richtung zu bewegen?«

Was kann ich machen, wenn es mir schwerfällt, mein Ziel genau zu benennen?

Es ist nicht einfach, sein Ziel genau zu definieren. Dieser Prozess braucht manchmal seine Zeit. Aus diesem Grund empfehle ich auch immer, damit anzufangen, dass man seine Träume benennt, also darüber nachdenkt, was man sich für sein Leben wirklich wünscht. Wir alle haben unterschiedliche Träume. Der eine träumt vielleicht von einem interessanten Job, der nächste von Liebe und wieder ein anderer davon, ein Haus auf dem Land zu besitzen. Wenn man seine Träume kennt, ist es viel leichter, sich seine Ziele zu stecken. Ein Ziel ist etwas, das man tun oder lernen kann und das einem hilft, seine Träume wahr werden zu lassen.

Wenn diese Strategie bei Ihnen nicht funktioniert, gibt es noch einen anderen Weg, wie Sie ein für Ihr Leben relevantes Ziel bestimmen können. Bei dieser zweiten Herangehensweise benennen Sie nicht Ihre Träume, sondern Ihre Probleme. Sie fragen sich, mit welchen Problemen Sie konfrontiert sind. Vielleicht erstellen Sie sogar eine Liste all Ihrer momentanen Probleme. Worin auch immer Ihre Probleme bestehen: Sie können sie nachfolgend in Ziele umwandeln. Wenn Ihr Problem z. B. lautet, dass Sie mit Ihrer Arbeit unzufrieden sind, können Sie anfangen, darüber nachzudenken, was Sie verändern oder lernen müssten, um Ihre Arbeit nicht mehr als so unbefriedigend zu empfinden. Ihr Ziel könnte dann also z. B. lauten, Ihre Tätigkeit so zu ändern, dass sie Ihnen wieder Spaß macht, oder sich möglicherweise sogar nach einem anderen Job umzuschauen. Egal, was für Probleme Sie haben: Mit ein bisschen Nachdenken werden Sie ein Ziel benennen können, das zur Überwindung Ihrer Probleme beitragen kann.

Soll ich meinen Freunden, Verwandten oder Kollegen am Arbeitsplatz erzählen, was ich vorhabe?

»Sollen« sicher nicht, aber vielleicht ziehen Sie das doch in Erwägung, denn Sie könnten möglicherweise davon profitieren. Ziele zu erreichen mag schwierig sein, aber es wird leichter, wenn man Helfer hat, also Leute, die bereit sind, einen zu unterstützen und auf dem Weg immer wieder zu ermutigen. Außerdem erzeugen wir bei anderen Menschen gewisse Erwartungen, wenn wir ihnen von unseren Zielen erzählen. Die Leute, die wir über unser Vorhaben informieren und als Helfer dazubitten, werden dann auch erwarten, dass wir wirklich an unseren Zielen arbeiten. Das verschafft uns den Ansporn, nicht nur über unsere Vorsätze zu sprechen, sondern sie auch tatsächlich umzusetzen, um voranzukommen. Unsere Helfer können uns auf unserem Weg in vielfältiger Weise unterstützen, aber zusätzlich werden sie auch Interesse an unseren Fortschritten zeigen, und diese Anteilnahme ist sozusagen ein Bonus, der unsere Motivation erhöhen wird, das zum Erreichen unseres Ziels Notwendige zu tun.

Muss ich meine Ziele und die einzelnen Schritte aufschreiben?

Ich empfehle, dass Sie das tun, aber statt sie aufzuschreiben können Sie auch Zeichnungen oder Bilder benutzen. Bei manchen Leuten funktionieren Bilder besser als Worte. Sie können damit beginnen, ein Bild Ihres Zukunftstraums zu zeichnen – vielleicht kombinieren Sie dabei Bild und Text – und dann ein weiteres Bild von Ihrem Ziel. Als Nächstes skizzieren Sie die Schritte, die zu Ihrem Ziel führen. Wo werden Sie in einer Woche stehen? Was wird anders sein? Was wird den anderen auffallen? Was werden Sie in Ihr Tagebuch notieren? Wie sieht es in zwei Wochen aus? In einem Monat? In zwei Monaten? Versuchen Sie, Ihren Weg als Cartoon-Folge zu zeichnen – mit Schnappschüssen von unterschiedlichen Punkten Ihrer Reise. Genauso wie beim Schreiben eines Filmskripts gilt: Je klarer die Darstellung dieser Momentaufnahmen ist, umso leichter werden Sie erkennen können, was genau Sie tun müssen, um Ihr Ziel zu erreichen.

Wie überzeuge ich mein Umfeld am besten davon, dass ich mein Ziel erreichen kann?

Ich halte es nicht für besonders sinnvoll, dass Sie selbst Ihre Helfer oder andere Personen davon überzeugen, dass Sie Ihr Ziel erreichen können. Es ist viel besser, wenn diese Sie davon überzeugen, dass Sie das schaffen können. Besonders gut funktioniert es, wenn man seine Helfer fragt, ob sie glauben, dass man sein Ziel erreichen kann. Natürlich werden sie in der Regel etwas Aufmunterndes sagen wie »Natürlich kannst du das schaffen« oder »Ich bin mir sicher, dass du das kannst«. Wenn sie so etwas geäußert haben, fragen Sie sie, wie sie zu der Zuversicht kommen, dass Sie dieses Potenzial besitzen. Die Antworten dürften für Sie sehr aufschlussreich sein! Und damit sind die Helfer an der Reihe, Sie zu überzeugen, und nicht umgekehrt.

Muss ich meinen Erfolg unbedingt feiern – kann ich das nicht auch im Stillen genießen?

Ich verwende den Begriff Feiern als Metapher. Es kann bedeuten, dass man tatsächlich all seine Helfer zum Essen einlädt und mit Champagner anstößt, oder aber auch, dass man sich an einen ruhigen Ort zurückzieht und seinen Erfolg in Meditation und Stille würdigt. Jeder entscheidet für sich, welche die für ihn angemessene Art ist, seinen Erfolg zu feiern – das lösungsorientierte Selbstcoaching gibt das nicht vor. Das Einzige, was bei dieser Methode empfohlen wird, ist, den Helfern seinen Dank zum Ausdruck zu bringen. Dazu muss man sie nicht zu einer Party einladen. Man kann ihnen auch einfach eine E-Mail oder Postkarte schreiben, sie anrufen oder sie in sonst irgendeiner Form informieren, die einem für die entsprechende Situation angemessen erscheint.

Wenn ich ein Ziel erreicht und dies gefeiert habe: Was kommt dann?

Das Feiern des Erfolgs dient nicht nur dazu, dass Sie den Stolz über das Erreichte genießen dürfen, es ist auch eine sehr wichtige Gelegenheit, seinen Helfern zu danken. Diesen bereitet es Freude, dass sie zu Ihrem Erfolg beigetragen haben. Außerdem werden Sie selbst neue Einsichten gewinnen, wenn Sie analysieren, welche Schritte Sie auf dem Weg zu Ihrem Ziel gegangen sind. Diese neuen Erkenntnisse und das Wohlwollen, das Sie bei Ihren Helfern ausgelöst haben, können Sie dann dazu nutzen, weitere wichtige Ziele in Ihrem Leben in Angriff zu nehmen.

Wenn ich Rückschläge einkalkuliere, programmiere ich damit nicht den Misserfolg vor?

Es ist eine Herausforderung, sich auf Rückschläge vorzubereiten. Auf der einen Seite möchte man nicht den Teufel an die Wand malen, weil einem das die Motivation rauben könnte, aber auf der anderen Seite sollte man auch nicht übertrieben optimistisch sein, denn in diesem Fall kann man sich von Hindernissen auf dem Weg entmutigen lassen. Man muss einen Mittelweg finden zwischen einer optimistischen, aber gleichzeitig realistischen Haltung. Man kann diese Balance finden, wenn man sich eingesteht, dass das Erreichen des Ziels kein Zuckerschlecken sein wird, und wenn man sich mental darauf vorbereitet, dass es auf dem Weg unterschiedliche Rückschläge und Hindernisse geben wird. Wenn Sie z. B. den Führerschein machen möchten, kann es sein, dass Sie die Fahrprüfung nicht beim ersten Mal bestehen. Aber wenn man mental auf diese Niederlage vorbereitet ist, wird es einem leichter fallen, sich zu sagen: »Ich werde eben noch weiter üben, und beim nächsten Mal habe ich bestimmt mehr Glück.«

Wo sind die Grenzen des lösungsorientierten Selbstcoachings, gibt es Ziele, die man nicht erreichen kann?

Die Methode selbst hat an sich gar keine Grenzen, aber manchmal kommt es vor, dass sich Leute so ehrgeizige Ziele setzen, dass es Jahre dauern würde, sie zu erreichen. Das ist einer der Gründe, warum ich immer empfehle, dass die Leute lieber relativ kleine Ziele wählen – also etwas, das sie in einem angemessenen Zeitrahmen bewältigen können – oder, wenn sie doch ein größeres Ziel anstreben wollen, sich darauf konzentrieren, welche kleinen Schritte sie unternehmen müssen, um nach und nach näher ans erwünschte Ziel zu rücken. Wenn Sie ein Musiker werden möchten, können Sie Ihr Ziel in mehrere Unterziele aufspalten, also: Noten lesen lernen, einen guten Lehrer suchen, Technik erlernen oder mit einer Band spielen usw. Gegen große Ziele ist gar nichts einzuwenden, solange Sie diese in kleinere Etappen zerlegen, damit Sie Erfolgserlebnisse haben, die Ihre Motivation aufrechterhalten, während Sie sich Schritt für Schritt dem großen Ziel annähern.

Kann das lösungsorientierte Selbstcoaching mit seinem 12-Schritte-Programm auch Kindern helfen?

Am Helsinki Therapy Institute wurde eine modifizierte Version dieses Programms für Kinder entwickelt. Sie heißt »Ich schaffs« und gründet sich auf demselben Inhalt, ist aber an die Bedürfnisse von Kindern angepasst. Derzeit sind über diese Methode drei Bücher in deutscher Sprache auf dem Markt: *Ich schaffs!, »Ich schaffs« in Aktion und Ich schaffs! – Cool ans Ziel.*

Wo kann ich Gleichgesinnte finden, die mit dieser Methode des lösungsorientierten Selbstcoachings arbeiten?

Die Methode, die in diesem Buch vorgestellt wird, basiert auf der lösungsfokussierten Psychologie und ist in der Welt des Coachings auch bekannt unter dem Namen »Reteaming«, und unter Leuten, die Kindern und Jugendlichen beim Überwinden von Problemen helfen, unter dem Namen »Ich schaffs«. Wenn Sie sich mit Gleichgesinnten austauschen möchten, können Sie im Buchhandel oder zum Beispiel im Internet unter den Begriffen »Reteaming«, »Ich schaffs« oder »Lösungsorientierte Therapie/lösungsorientiertes Coaching« recherchieren. Es gibt inzwischen weltweit viele Leute, die in einer oder sogar mehreren dieser Methoden ausgebildet sind.

Über die Autoren

Rolf Reinlaßöder arbeitete während seines Germanistik- und Geografiestudiums als Lokalreporter und freier Fotograf bei einer Tageszeitung in Köln. Fünf Jahre lang moderierte er die Lebensberatungssendung „Lämmle live" im TV-Programm von Südwest 3. Heute ist er verantwortlicher Redakteur für das tägliche Topthema, für Serien und Schwerpunkte bei SWR3. Er ist Autor zweier Bücher und wurde mehrfach für seine journalistische Arbeit ausgezeichnet.

Ben Furman, Psychiater und Psychotherapeut, ist Mitbegründer des Helsinki Brief Therapy Institute, das er zusammen mit Tapani Ahola leitet. Gemeinsam haben die beiden mehrere Bücher geschrieben, darunter *Es ist nie zu spät, erfolgreich zu sein* (2. Aufl. 2011), *Twin Star – Lösungen vom anderen Stern. Teamentwicklung für mehr Erfolg und Zufriedenheit am Arbeitsplatz* (3. Aufl. 2010) sowie der Bestseller *Ich schaffs! Spielerisch und praktisch Lösungen mit Kindern finden – Das 15-Schritte-Programm für Eltern, Erzieher und Therapeuten* (4. Aufl. 2011).